La philosophie est une réflexion pour qui toute matière étrangère est bonne, et nous dirions volontiers pour qui toute bonne matière doit être étrangère.

Georges Canguilhem

Une histoire de machines, de vampires
et de fous

PIERRE CASSOU-NOGUÈS

Une histoire de machines, de vampires et de fous

VRIN

Matière Étrangère

Directeur de collection :
Bruce Bégout

© Librairie Philosophique J. VRIN, 2007

ISBN 978-2-7116-1884-2

Elle vient d'entrer. Je lève les yeux avec l'impression de me réveiller. Je tiens toujours à la main le verre qu'elle m'a donné, rempli à mi-hauteur d'un liquide doré de la couleur du whisky. Je ne suis pas sûr que ce soit de l'alcool. Il me semble que j'en ai bu mais je n'arrive pas à en retrouver le goût.

J'étais occupé à observer le reflet de la pièce dans le verre. La lumière de la lampe se projetait sur deux rubans, de chaque côté de la paroi bombée. Au-dessus du liquide et entre ces bandes de lumière, la pièce se dessinait, déformée mais de telle façon que je pouvais encore reconnaître les éléments du mobilier, les motifs jaune et bleu de la toile cirée qui recouvre la table, la masse sombre de l'armoire. En déplaçant le verre, j'avais réussi à faire apparaître au centre un visage de profil moins net, presque imperceptible en fait, qui me regardait. C'est peut-être à un mouvement dans cette autre pièce, une ombre zébrant l'image que je me suis aperçu qu'elle entrait. Ou peut-être justement je ne l'y ai pas vue.

Elle me demande si j'ai goûté à sa préparation. Je réponds, oui.

Elle s'est arrêtée pour poser son verre sur l'étagère à côté du canapé. Il fait sombre, la pièce n'est éclairée que par la lampe à ma gauche. Au-dessus du canapé, est accrochée une grande glace et, en face, un tableau de petit format, que je ne distingue pas bien. Sur le mur du fond, une grande fenêtre est encadrée de rideaux oranges qui tombent jusqu'au parquet. Les volets sont fermés. Je ne sais pas précisément où nous sommes. Nous avons dû arriver en voiture, en taxi vraisemblablement, car je ne me souviens pas d'avoir marché dehors avec elle, dans des rues qui, ce soir, auraient été désertes. Je me revois lui parler au bar, la porte restait entrouverte et il faisait froid. Elle avait toujours un verre à la main mais ne buvait pas. Ensuite, nous avons décidé d'aller chez elle. Elle devait me montrer quelque chose. Le tableau, qu'elle tient d'un parent éloigné.

Elle s'est aperçue que je regardais du côté de la fenêtre et tire les rideaux en prenant soin de ne laisser entre eux aucune ouverture par où l'on pourrait nous voir. Cela me semble inutile puisque les volets sont fermés. Je remarque qu'elle s'est changée. Elle a aussi détaché ses cheveux, qui tombent sur ses épaules, noirs mais brillants contre le chemisier sombre qu'elle vient de passer.

Elle se retourne. Elle reste un instant immobile en me regardant et j'ai le temps de penser que je devrais lui dire quelque chose. Puis elle traverse la pièce dans ma direction. Elle a les yeux rouges comme si elle venait de pleurer. Pourtant, son visage ne porte aucune marque. Sa peau me semble même trop blanche, sur son visage et dans le triangle que laisse ouvert le col de son chemisier.

Elle s'est arrêtée debout à un mètre environ de moi.

« Tu me fais danser ? »

J'hésite à me lever. Mon verre est presque vide maintenant. Je ne suis pas ivre mais j'ai perdu tout contrôle sur les choses, c'est-à-dire les choses extérieures et mon propre corps. En fait, j'ai déjà l'impression d'être pris dans un rêve. Justement parce que je n'ai plus la maîtrise de ce qui se passe. Je ne puis aucunement me libérer, ni modifier le cours de la scène qui se joue avec moi mais à laquelle je ne semble qu'assister. Mes perceptions ont également gagné une intensité, les lumières quelque chose de fascinant, qui pousse ma propre présence en marge, bien que je puisse réfléchir à mes impressions, avec un décalage par rapport à l'extérieur et, pour ainsi dire, en me plaçant dans un autre espace.

Je repose mon verre pour me lever, en m'appuyant à la table. Un instant, le sol se couvre de tâches noires. J'attends que celles-ci disparaissent. Je m'approche, je pose mes mains sur ses hanches, elle est debout contre moi et regarde par-dessus mon épaule. Elle semble attendre quelque chose. En même temps je sens en elle une froideur. J'écarte ses cheveux pour l'embrasser mais elle détourne la tête et me fait signe que non.

Nous faisons quelques pas ainsi en silence, sans autre bruit que les craquements du plancher. Il n'y a pas de musique. Elle attrape ma main droite et, d'un mouvement ferme, de telle sorte que je ne puisse pas me dégager, soulève mon bras pour glisser dessous et passer derrière moi. Je m'aperçois qu'elle m'a conduit devant la glace, où je me reconnais, le bras en diagonale comme indépendant de la ligne du corps. Cela me fait penser aux aiguilles sur le cadran d'une horloge. Trois heures et demie, je peux lire. Elle est derrière moi et je ne la vois pas. En revanche, je remarque le tableau, derrière elle, qui se reflète dans la glace. C'est une scène d'intérieur, dans le style hollandais avec une femme de dos, plusieurs personnages. Dans la glace mal éclairée, la scène a repris son volume et flotte dans l'air, à mi-hauteur. La femme, bien que sans nous regarder, semble s'apprêter à sortir de son espace réduit pour entrer dans la pièce.

Elle commence par m'embrasser à la base du cou, en me léchant longuement la peau, comme pour l'assouplir. Puis elle me mord, plusieurs fois. Il me semble que je saigne abondamment. Je dois réussir à me dégager et tituber vers le canapé. Ensuite, je ne distingue plus rien de façon nette. J'ai le souvenir d'être allongé sur le canapé, elle penchée au-dessus de moi, les lèvres pressées contre ma gorge, aspire autant qu'elle peut de mon sang. De temps en temps, elle relève la tête pour reprendre haleine. La pièce se remplit peu à peu d'obscurité. Je perds tout à fait connaissance.

Je ne sais pas depuis combien de temps je suis là. J'entends autour de moi un murmure incessant avec de multiples voix dont je ne saisis que le rythme, un rythme lent. La lumière blanche est aveuglante. Des silhouettes imprécises passent devant moi et trop rapidement pour correspondre aux voix. Il y a un décalage bizarre avec les voix et, derrière les voix, il n'y a aucun bruit. Je me demande comment ces gens peuvent passer si vite et de façon aussi silencieuse. L'air est lourd, enfumé. Ce n'est pas une sensation que je pourrais circonscrire mais comme une atmosphère dont je suis enveloppé, semblable à celle d'un café en hiver. Ou une odeur accrochée à un vêtement et que l'on garde avec soi. Elle ne touche ni les voix, ni les figures qui semblent venir d'ailleurs.

Je ne peux pas bouger. Je ne peux même pas fermer les yeux, ni les tourner pour suivre les silhouettes qui passent. Je veux appeler quelqu'un. Je me rends compte que je n'ai plus que ma voix intérieure et que celle-ci se mêle aux autres. Elle est seulement plus distincte et domine le murmure qui m'entoure. Je comprends que les voix ne parlent que dans ma tête. J'essaye néanmoins d'écouter.

C'est comme si mon esprit s'était étendu de façon démesurée pour se peupler d'autres personnages, plus ou moins proches de moi et qui parlent tous ensemble, assez bas pourtant. Je ne comprends pas d'abord ce qu'ils disent mais j'ai l'impression que chacun ne parle qu'avec lui-même. Les voix ne se répondent pas, elles se couvrent les unes les autres. Elles semblent poursuivre des monologues, commencés avant que je ne me réveille. Peu à peu je m'habitue suffisamment à leurs murmures pour pouvoir isoler des voix singulières. Je saisis des bribes de discours, des phrases incomplètes. Puis il y a une voix de femme, près de moi. Elle me dit qu'elle m'a entendu me réveiller et me demande si je peux la voir.

Il y a toujours ces silhouettes qui passent devant moi. Certaines s'arrêtent et me dévisagent quelques instants d'un air indifférent avant de repartir. Je ne distingue pas bien les visages. Je dois être debout et un peu plus grand que ces gens, qui m'apparaissent en contrebas et les yeux levés vers moi. Je n'ai pas encore vraiment conscience de mon corps et de sa position. Mais je sens bien que la voix qui me parle ne vient pas de l'un de ces visages. Elle est beaucoup plus lente. Je cherche à regarder autour. Je me rends compte que ma vue s'est modifiée mais que je vois aussi bien.

C'est mon champ de vision, il est absolument uniforme. C'est-à-dire, il a perdu sa structure, avec un centre net et des franges de plus en plus imprécises. Ma vision survole bien une certaine étendue, une étendue que je ne peux pas déplacer et qui est beaucoup plus grande que l'étendue normale de la vision humaine. D'autre part, chaque zone, dans ce champ de vision, possède la même netteté. Comme si mon regard possédait une sorte d'ubiquité, de façon à pouvoir atteindre tous les points en même temps, sans que je bouge les yeux et fasse un effort d'accommodation. C'est pourquoi les lumières m'éblouissent, je les regarde en face comme le reste. Et l'impression de confusion vient en réalité de la masse de détails qui me parviennent. L'accommodation du regard, dans la vision humaine, opère un tri dans ces données, en sélectionnant un centre qui sera amené à la netteté tandis que son pourtour restera vague. Ce tri, je dois maintenant l'opérer par la seule attention, en me concentrant sur une région pour l'isoler de son environnement.

Je laisse passer les silhouettes, trop rapides et dont je ne réussis pas à fixer les traits. En me concentrant sur des points immobiles, je découvre peu à peu une grande pièce, aux murs blancs où sont accrochés des cadres, des tableaux qui prennent une présence particulière et, sans que je puisse d'abord dire pourquoi, me semblent beaucoup plus proches que les silhouettes qui passent. Et, soudain, je la reconnais, la voix. C'est une femme de dos. Elle porte une robe rouge, une veste noire et une coiffe blanche. On ne voit que sa nuque. Elle regarde le verre qu'elle tient à la main et tend vers la lumière de la fenêtre. Derrière elle, deux hommes sont assis à une table et, sans doute, la font boire. En ce moment, l'un remplit sa pipe, l'autre regarde la femme ou, peut-être, son regard a été attrapé par autre chose, le verre de la femme, quelqu'un qui passe derrière la fenêtre. La voix vient donc d'un tableau, une peinture hollandaise encore, pendue au mur, un peu sur ma gauche.

Je veux d'abord lui demander qui je suis moi-même. Mais elle est tournée vers la fenêtre, dans son tableau, et, évidemment, ne peut pas me voir dans le mien. Par ailleurs, je m'aperçois que je sais qui je suis et que les détails de mon costume, que j'ai pu oublier, importent peu. Je suis un visage de peinture, un portrait de moi-même et, en fait, la plus pure image de moi-même.

Je suis à peine surpris. En tout cas, je ne ressens aucune crainte, aucune angoisse. Je me demande seulement comment j'ai pu ainsi échouer sur ce tableau. Je réfléchis assez calmement. Un personnage sur un tableau exposé dans une galerie. Je n'ai donc plus de corps. Plus exactement, je me suis détaché de mon corps de chair, de mon corps humain, et j'ai migré dans un corps d'une autre nature, un corps de peinture. Je ne peux pas donner à cela d'autre cause que la morsure de cette femme, un vampire. Elle suçait mon sang. Il faut croire qu'elle a absorbé mon corps. Elle m'en a délivré, en réalité, et j'ai été jeté dans une autre forme d'existence.

C'est le raisonnement que je me tiens d'abord, mais je passerai encore longtemps à me demander pourquoi, comment, j'ai pu être changé en une figure de peinture. Je préfère te livrer dès maintenant le résultat de mes spéculations. Je pars du corps humain, du hiatus entre son intérieur et son extérieur.

Il me semble évident que le corps, dans l'existence humaine, se vit d'abord de l'intérieur. C'est une sorte de lieu obscur, sans lumière et peuplé d'une multitude de sensations, des battements de cœur, des douleurs, des respirations. Chaque sensation occupe une certaine région qu'elle distingue pour elle-même. L'intérieur du corps est donc morcelé par ces sensations différentes. Il est aussi environné par un espace immense, c'est le monde avec toutes ces choses que l'on voit et que l'on touche. Mais, de l'intérieur, notre corps, ce lieu obscur avec ses différentes sensations, reste au centre de l'univers et n'est pas l'une des choses de cet univers.

Jusqu'ici, je parle de l'intérieur du corps et j'omets que nous pouvons aussi le voir de l'extérieur, ce corps. Il suffit de regarder dans un miroir, c'est vrai, et, pourtant, c'est le point qui m'arrête, il me semble finalement étrange que nous nous reconnaissions dans les miroirs. Imagine que je ne me sois jamais vu de l'extérieur, ni dans un miroir, ni dans ces reflets à la surface de l'eau. On me tend un miroir, je vois un visage. Je comprends sans doute que ce visage est le mien. Pourtant, il n'y a pas de rapport immédiat entre ce que je vis de l'intérieur, ce corps morcelé par des sensations différentes, et cette image que je saisis dans le miroir. Du reste, ce n'est peut-être pas mon visage. Je pourrais être la victime d'une expérience un peu folle dans un laboratoire où l'on se serait arrangé pour que les miroirs, quand je m'y regarde, rendent un autre visage que le mien. Cela ne changerait rien. Où que je sois, je m'attribue un visage. Je m'identifie à une image extérieure. Sans pouvoir dire pourquoi, sans y penser même, je fais de ce que je vois dans le miroir l'extérieur du corps que je vis de l'intérieur.

Maintenant, ce reflet dans le miroir n'est pas la seule image à laquelle nous nous identifions. Il m'arrivait de passer devant un tableau et de dire aussi : « c'est moi ». J'avais remarqué un trait, physique ou psychologique, dans lequel je me reconnaissais et que je m'attribuais. Cela sans raison véritable, parce que, pas plus que dans le miroir, il n'y a de rapport immédiat entre ce que je vis de l'intérieur et ce que je vois sur le portrait. Disons que c'est le portrait d'un homme triste. Cette tristesse s'exprime dans les yeux et sur le sourire. Mais ces marques de la tristesse ne renvoient pas de façon objective au sentiment tel que je peux le vivre de l'intérieur. Il me semble même que je pourrais m'identifier à ce portrait parce qu'il est triste sans moi-même avoir jamais été triste. C'est-à-dire, découvrir que la tristesse est un sentiment qui me convient en la voyant sur ce portait, de l'extérieur et sans jamais l'avoir vécu de l'intérieur.

Autrement dit, je n'ai pas besoin de me savoir triste pour m'identifier à un portrait triste. Ce serait plutôt en m'identifiant à des portraits tristes que j'apprends à devenir triste.

Mais cela n'a pas d'importance. Ce que je veux dire, c'est que, par de telles identifications, au reflet dans le miroir, à des portraits ou, du reste, à des personnages de la littérature, nous constituons peu à peu une image complexe de nous-mêmes. Cette image, c'est la façon dont nous nous voyons nous-mêmes. Je ne crois pas que nous ayons une idée de nous-mêmes, ou de ce que nous sommes, indépendamment de ces identifications. Il me semble plutôt que ces identifications nous font prendre conscience de nous-mêmes et sont à l'origine de toute idée que nous pouvons avoir de nous-mêmes et de notre être.

Tu peux n'être pas d'accord. Moi-même, je ne suis pas sûr que nous ne soyons que l'union d'un corps, vécu de l'intérieur, et d'une image que nous formons de nous-mêmes. Mais c'est comme cela que j'explique que ce vampire, en réduisant mon corps, n'ait laissé de moi qu'une image. J'ai toujours aimé la peinture, les portraits surtout. Ceux-ci devaient tenir une place importante dans cette image de moi-même. Sans le savoir, je me voyais en portrait et me voici maintenant, en effet, sur un tableau dans un musée. La morsure du vampire a eu ceci d'étrange qu'elle a défait mon corps sans interrompre mon existence. Celle-ci s'est seulement repliée sur l'autre terme, l'image, qui accompagnait ma vie corporelle. Déplacée dans un autre corps, un corps en peinture.

Je me retrouve donc dans un tableau. Une figure de peinture. La galerie ne comporte que des tableaux hollandais et ma propre image doit avoir la même provenance. Je reconnais autour de moi la présence d'un bureau, d'une mappemonde. Je ne vois pas la fenêtre mais je sais qu'elle est là, couverte de poussière, elle ne laisse pas passer assez de lumière. Il fait sombre pour une fin de matinée. C'est peut-être aussi la fumée de ma pipe. Je ne sens rien de ce nouveau corps dans lequel je suis logé. Rien, aucune sensation, pas même le contact avec le bureau sur lequel je m'appuie ou la froideur lisse de la mappemonde que je touche de la main droite. Ce sera le plus long d'apprendre à capter des sensations dans ce corps de peinture.

L'atmosphère de ce cabinet d'étude m'enveloppe, elle se juxtapose au spectacle de la galerie, qui s'ouvre devant moi. Tu penserais peut-être à une autre fenêtre donnant sur la galerie. Une fenêtre, cependant, serait à une certaine distance de moi et limiterait mon champ de vision sur la galerie, avec un angle déterminé. Or ce n'est pas le cas. Tourné vers la galerie, je suis, en un sens, tout entier dans la galerie, comme si mon visage dépassait de cette fenêtre imaginaire. Je peux suivre ce qui se passe dans la galerie sans aucun intermédiaire, d'un côté à l'autre, avec un champ de vision qui n'est limité que par l'épaisseur du cadre de ce tableau. Mon champ de vision est même plus étendu que dans la vision humaine. Le regard humain est toujours dirigé sur une seule ligne, devant soi, alors que le mien parcourt en même temps toutes les lignes et va en chaque point de la pièce.

La galerie qui me fait face et l'atmosphère de ce cabinet qui m'entoure se maintiennent sur deux plans distincts, sans aucune confusion. En fait, tourné vers la galerie, je ne vois rien de la pièce dans laquelle je me trouve et n'en ai qu'une conscience vague, comme celle que tu as, dans l'existence humaine, des meubles qui se trouvent derrière toi dans une chambre où tu as l'habitude de demeurer. Dans la galerie, avec cette vision dont le champ est étendu mais immobile, j'observe beaucoup plus facilement les tableaux que les visiteurs, qui restent le plus souvent de simples silhouettes. Ces visiteurs semblent avoir une autre temporalité que la mienne, beaucoup plus rapide, et, sans pouvoir bouger les yeux, il m'est difficile de les suivre quand ils se déplacent dans mon champ de vision. Je ne peux saisir leur visage que lorsqu'ils s'arrêtent devant moi et, encore, de façon assez indistincte, en partie parce qu'ils sont à contre-jour, avec la lumière dans le dos, en partie, je crois, parce que ce mode de vision, dont disposent les figures de peinture, doit leur servir plutôt à communiquer avec leurs semblables qu'à observer les humains.

C'est une erreur de prétendre que la vision suppose le mouvement. Le mouvement, les mouvements des yeux qui accommodent le regard à la chose, seraient – dit-on – nécessaires à la vision, comme à toute perception. En réalité, c'est seulement la vision humaine qui passe par l'accommodation du regard. Les figures des tableaux, elles, te voient sans bouger les yeux et dans un corps immobile, incapable de mouvement. Tu as forcément rencontré des portraits qui te regardaient, te surveillaient et semblaient presque te juger. Or je suis persuadé que ce qui est, c'est ce que l'on perçoit, au sens le plus large. Et, dans ce cas, il faut reconnaître que, en effet, ces figures te voyaient malgré leur immobilité. Néanmoins, il est vrai que cette vision immobile est mieux adaptée aux objets fixes, aux tableaux qu'elle permet de saisir d'un seul tenant, et non par partie comme le fait le regard humain. Cette proximité visuelle, avec les autres figures, est aussi renforcée par les voix qui sortent des tableaux, sans véritablement traverser la galerie, puisque les visiteurs ne les entendent pas.

Il me faut quelque temps pour découvrir cette nouvelle sensibilité dont je suis porteur. Quand je reprends conscience et me retrouve dans une image, je cherche à entrer en possession de mon corps, même à bouger. J'interroge mes mains, que je sais toucher le bureau. J'essaye de remuer les doigts. J'interroge l'intérieur de mon corps, j'écoute le battement de mon cœur. Mais je ne sens rien. Le vide. Je comprends peu à peu que, précisément, mon corps est vide. Il n'y a rien sous l'enveloppe de peinture, aucun organe, donc aucun mouvement ni aucune sensation.

J'aurais pu deviner que je ne pourrais pas me déplacer, ni remuer. Je savais bien que les figures de peinture sont immobiles. Mais la raison de cette immobilité et de mon insensibilité, c'est que mon corps est vide. Je n'ai ni muscle pour bouger, ni organe que je puisse sentir. Je n'entends pas battre mon cœur parce que je n'ai pas de cœur. Mon corps n'est qu'une enveloppe de peinture, une peau qui ne renferme rien. Je ne veux pas dire que ce corps n'est qu'une surface, une portion de la surface de la toile qui le porte. C'est seulement quand tu regardes un tableau comme un simple objet dans son environnement naturel qu'il apparaît comme une surface de toile couverte de tâches pigmentées. Considéré pour lui-même, le tableau ouvre un espace intérieur où réside une figure, avec un volume, dans une profondeur. Il reste que ces volumes à l'intérieur des corps, du corps de la figure comme du corps des objets qui l'entourent sont vides.

Le vide intérieur est le trait le plus marquant de l'existence en peinture et la principale différence avec l'existence humaine. En effet, les corps sensibles, dans l'existence humaine, les corps vivants ou le corps des choses, sont pleins. On peut toujours ouvrir un corps, comme on ouvre une orange ou un melon. On y découvre d'autres corps, plus petits. Il n'y a rien, pas même les atomes de la physique, qui, en ce sens, ne se décompose en d'autres choses. Les corps sensibles renferment donc des multitudes de parties, imbriquées les unes dans les autres, chacune avec ses propriétés et son mouvement propre.

Le vide des corps de peinture vient peut-être simplement de ce que l'on ne peut pas voir leur intérieur. Ils ne se laissent pas ouvrir comme les corps sensibles, à moins de déchirer la toile et, ainsi, de détruire ce monde réduit qui s'ouvre dans le tableau. Il me semble que l'on ne peut pas même imaginer l'intérieur des corps de peinture, un intérieur avec des organes, des veines et des fluides de toutes sortes, dans le même univers de couleur et de masses, dans le même style, que la figure extérieure. Ces organes n'ont pas d'existence dans l'univers du tableau, dans l'environnement de la figure. Il est vrai que je connais une image dans laquelle est exposé l'intérieur d'un corps, une *Leçon d'anatomie*, avec des médecins qui ouvrent la cervelle et les entrailles d'un cadavre. Je ne sais pas si cette figure là, cet être que l'on découpe ainsi, a conscience de sensations dans l'intérieur de son corps. Peut-être l'objet du tableau était-il de lui en donner et de constituer une figure de peinture, complète et presque humaine ?

Pourtant, je suis persuadé qu'il n'y a pas de vie sans sensation. Notre vie, ce sentiment d'exister, n'est, je crois, qu'une certaine unité dans le divers de nos sensations et de notre pensée, c'est-à-dire des mots que se suivent dans notre voix intérieure. La seule façon pour notre être de se manifester, hors de ces identifications qui n'en donnent qu'une image, est d'inscrire sa trace, une trace reconnaissable, dans nos sensations et dans nos pensées, sans se présenter pour lui-même et se laisser saisir en personne. Il faut donc, puisque je me sens bien en vie, que, quelque part, de quelque façon, je puisse éprouver une sensation. Et alors je comprends.

C'est que je ne cherchais pas au bon endroit. Il y a un visage devant moi qui me regarde. Un homme, qui examine ensuite la mappemonde à côté de moi, le livre ouvert. Or je le sens. C'est-à-dire, j'arrive à saisir son propre corps avec les sensations qu'il éprouve. Je sens son cœur battre là-bas dans sa poitrine comme si c'était le mien. Ce battement de cœur a lieu en dehors de mon corps et, pourtant, je le saisis de l'intérieur et de la même façon que l'éprouve lui-même cet homme qui s'est posté devant moi. Les sensations, dans l'intérieur des corps, me sont maintenant perceptibles aussi bien que leurs traits extérieurs, les couleurs, les visages. Elles sont là et arrivent jusqu'à moi, je ne sais pas comment. Je me demande si l'homme se rend compte de quelque chose. Probablement pas. Pourtant, je le vois pâlir, je sens ce frémissement de la peau que produit le sang qui se retire du visage, le contact des vêtements aussi. J'essaye de le retenir aussi longtemps que possible. Il part et je retrouve mon corps vide mais calme. Je n'ai plus besoin de chercher mes sensations dans ce corps où elles ne sont pas. Je me nourris dans d'autres corps. Je prends dans leurs sensations de quoi subsister quelque temps, jusqu'à ce qu'une nouvelle silhouette se présente devant moi.

Je pense que les voix, ma voix et les voix des figures que j'entends dans le même espace, relèvent également de ce mécanisme d'absorption. Il ne me semble pas possible que nous puissions parler, même intérieurement, avec un corps vide et dépourvu de sensations. Il faut donc que nous empruntions nos mots à l'extérieur, dans la tête des gens qui passent ou plus loin même, car j'ai remarqué qu'il n'est pas nécessaire qu'un visiteur soit présent dans la salle pour que nous puissions nous exprimer. Les mots doivent être plus volatiles que les sensations et se laisser capter de plus loin.

Néanmoins, ils viennent, comme nos sensations, de l'extérieur. Nous les prenons dans une pensée étrangère et les rassemblons ensuite pour leur faire dire autre chose, comme dans les histoires policières, le « corbeau » qui veut rester anonyme découpe dans un article de journal une suite de mots qu'il recolle dans un ordre différent pour formuler son propre message.

Toutefois, je dois dire qu'une chose me reste inexplicable. C'est la façon dont j'ai pu garder mes souvenirs humains lorsque j'ai changé d'existence pour prendre ce corps en peinture. Je me souviens de mon existence humaine, de mes habitudes et d'événements isolés, comme la scène dans la chambre aux rideaux oranges. Mais je ne comprends pas où, pour ainsi dire, se logent mes souvenirs, si mon corps est vide et que ma pensée n'est faite que de mots empruntés. Je ne vois pas comment je pourrais emprunter mes souvenirs, comme mes mots, dans l'esprit des gens qui visitent la galerie. Il est vrai que certains philosophes soutiennent que nos souvenirs ne sont pas dans notre tête mais appartiennent à un passé qui se maintient dans la réalité autour de nous et, simplement, déborde les choses présentes. Nos souvenirs alors ne sont pas des vues subjectives mais une véritable intuition de ces nappes de passé qui entourent les choses présentes. Cependant, je ne vois pas non plus comment je pourrais accéder à ce passé, alors que j'appartiens à un autre monde, le monde de l'image. Dans l'image, je me tiens dans un cabinet d'étude, qui, sans doute, n'a jamais existé dans le monde humain. Il n'est pas sûr même que la galerie que je contemple appartienne à celui-ci. Mes souvenirs, de cette existence antérieure, ne peuvent donc pas se trouver autour de moi qui suis en dehors du monde humain. Ils ne peuvent pas se trouver dans mon esprit, où il n'y a que des mots empruntés. La continuité de mes souvenirs, après une telle rupture dans le fil de mon existence, reste pour moi un mystère.

Pourtant, la découverte du vide des corps de peinture m'apprend beaucoup sur ce monde que j'habite maintenant. Manifestement, le monde des images possède une structure tout à fait différente de celle du monde humain. Je me dis en particulier que ce monde doit ignorer l'aléatoire. Je m'explique. Chaque corps, dans le monde sensible, recèle d'autres corps, imbriqués les uns dans les autres. Or les propriétés des corps visibles, leurs couleurs ou leurs formes, dépendent des corps qu'ils renferment et de leurs mouvements. Ceux-ci sont invisibles pour nos yeux qui restent à la surface des choses. Le monde visible est donc incomplet et, pour ainsi dire, inachevé.

Les caractères visibles sont déterminés par des éléments invisibles, des éléments qui sont enfermés dans les choses visibles mais n'appartiennent pas eux-mêmes au monde visible. Ces éléments invisibles vont alors engendrer dans les corps sensibles des phénomènes imprévisibles. Bien sûr, il y a des phénomènes prévisibles, des régularités que l'on note et dont on fait des lois. Mais celles-ci connaissent des variations, dont il faudrait chercher les causes dans le soubassement invisible, les multitudes de parties que renferment les corps visibles et auxquelles nous n'avons pas accès. Le monde visible s'organise donc selon des lois que nous connaissons de façon approximative mais qui admettent des variations aléatoires.

On pourrait soutenir que la physique décrit ces multitudes que renferment les corps visibles. Elle les appelle molécules, particules et distribue les plus fondamentales en différentes espèces, des électrons, des protons, des neutrons etc. Le physicien d'aujourd'hui, je pense, accepterait que le mouvement des particules est aléatoire et que l'on ne peut pas déterminer de façon exacte ses lois. Cela dit, je ne veux pas discuter plus longuement de la physique. J'essaye plutôt d'analyser ce monde dans lequel on vit, tel qu'il vaut pour tout un chacun. Et ce monde là connaît des changements aléatoires, que nous ne pouvons ni prédire, ni expliquer.

Maintenant, l'aléatoire semble être exclu du monde des images. L'aléatoire, dans le monde humain, vient de la présence de multitudes invisibles dans les corps sensibles. Or les corps de peinture sont vides. Je ne vois donc pas comment se produirait l'aléatoire dans le monde des images. Le monde des images n'est peut-être pas complet. Tout ce qui y est impliqué n'y est peut-être pas visible. Mais, du moins, les corps de peinture, avec leurs propriétés visibles, ne renvoient pas à une matière cachée. Cela signifie, je crois, que les corps de peinture ne sont pas soumis à l'aléatoire.

L'absence d'aléatoire a alors des conséquences importantes pour le mode d'existence des figures de peinture. Dans l'existence humaine, l'aléatoire se manifeste sur nos corps mêmes dans des phénomènes, des marques de toute sorte, des maladies, des cicatrices, dont nous ne pouvons pas rendre raison, dans lesquelles nous ne nous reconnaissons pas et, finalement, qui ne nous appartiennent pas. Mais la figure de peinture, elle, est dépourvue de ces marques aléatoires. Ses traits, les marques qu'elle porte ont une raison, une fonction. Il est donc possible pour nous, sujets de peinture, de retrouver la raison de nos traits et de nous y reconnaître. Nos traits nous conviennent comme jamais ceux d'un homme, s'ils se modifient de façon aléatoire, ne peuvent lui convenir.

Regarde cet homme qui sourit, cet individu de chair dans le monde humain. Une petite cicatrice forme un pli triste au coin de sa lèvre. Cette cicatrice n'a rien à voir avec l'individualité propre de notre homme, ni avec le contentement qui le fait sourire. Maintenant regarde le portrait que l'on a fait de lui. La cicatrice y a été reportée. Mais, si le portrait a une vie, la cicatrice n'est plus un accident aléatoire. Elle a été retravaillée et n'apparaît plus que pour donner une nuance à la joie de l'homme. C'est l'homme d'une joie triste. Ses traits ne sont plus que le masque de son individualité et du sentiment qui l'anime. Le portrait est de l'extérieur ce qu'il est de l'intérieur. Il y a une identité de l'intérieur et de l'extérieur dans l'existence en peinture. Une figure est elle-même comme aucun homme ne peut l'être.

L'absence d'aléatoire dans les figures de peinture a encore une conséquence. Je crois, en effet, que, dans le monde humain, ce sont ces marques aléatoires, comme cette cicatrice au coin de la lèvre, qui donnent à nos visages leur singularité. Je prends peut-être maintenant le mot aléatoire en un sens plus précis, mais il me semble qu'il y a dans ces marques aléatoires, le tracé exact d'une cicatrice, d'une ride, quelque chose qui ne se reproduit pas ni ne s'imite et qui distingue alors ce visage de tout autre. L'aléatoire fait donc de l'homme un individu unique. Pourtant, tout ce que l'on peut dire d'un homme, d'un visage, a quelque chose d'universel. Je dis que l'homme a les cheveux noirs, la peau un peu brune. Cela ne le caractérise pas. Je pourrais dire la même chose de son frère. Les cheveux « noirs » et la peau « un peu brune » sont des attributs que l'on pourrait appliquer à d'autres hommes. Ces attributs, qui sont des universaux, ont seulement pris une singularité en s'incarnant dans ce visage où ils se sont couverts des effets de l'aléatoire.

Les figures de peinture, elles, sont dépourvues de cette singularité qui dépend de l'aléatoire. La singularité de la figure, ce qui la rend unique, ne vient que de la conjonction de ses attributs, et non plus de l'incarnation dans l'aléatoire. Deux individus, dans le monde humain, dont on pourrait dire la même chose, deux sosies, se distingueraient pourtant par les marques aléatoires que le temps a tracées sur leurs visages. En revanche, deux figures de peinture, deux portraits du même homme par le même peintre, ne peuvent se distinguer que par les attributs qu'ils portent et les sentiments qui s'y expriment, attributs et sentiments qui ne sont pas touchés par la singularité de l'aléatoire. En cela, la figure de peinture est un individu universel, qui ne s'est pas singularisé dans l'aléatoire et pourrait encore s'incarner de multiples façons.

Tu peux m'objecter que les tableaux sont produits par des peintres qui, eux-mêmes, sont plongés dans l'aléatoire. Par leurs gestes, qui ont lieu dans le monde sensible et qu'ils ne peuvent contrôler absolument, ils reportent l'aléatoire dans le monde des images. L'image comporte des traits qui ne sont pas déterminés par l'émotion qu'elle est chargée de porter mais par le tremblement aléatoire de la main du peintre. L'objection est bonne, et je ne vais pas vraiment y répondre. Elle suppose néanmoins que, comme tu le dis, les tableaux sont la production d'hommes dans un monde aléatoire. Or rien ne prouve que ce soit le cas, du moins, pour les tableaux de la galerie dans laquelle j'habite. Il n'est pas impossible que ces tableaux aient été déposés là, on ne sait comment, ou se soient trouvés là depuis toujours et sans avoir été produits par des hommes. Cette hypothèse peut apparaître extravagante. Pourtant, la suite de mes métamorphoses exige et, dans une certaine mesure, prouve l'universalité des figures de peinture.

Tu t'étonnes peut-être que je me livre à ces spéculations. Je développe sans doute en écrivant ces lignes mes premières réflexions. Néanmoins, l'existence en peinture est d'une grande monotonie, et la spéculation est d'abord une façon de passer le temps. D'autre part, je me suis convaincu que la seule façon de sortir de cette existence en peinture, pour regagner le monde humain, est d'en comprendre les règles, et de déterminer les relations qu'entretient le monde des images avec le monde humain.

Le spectacle de la galerie, du point de vue des images, n'a aucune variété. Le jour, ce sont des visiteurs que je guette pour m'en nourrir. Toutes les figures, qui ont une vie propre, chassent ainsi sans bouger. Je passe donc la plus grande partie de mon temps dans un état de désir inassouvi, attendant chaque visiteur, espérant qu'il s'arrête ici plutôt qu'ailleurs et se prête à ce jeu qui me permet de subsister. Certains s'y refusent, ils se posent devant moi mais s'occupent avec un livre ou parlent entre eux, je ne peux pas les aborder. Evidemment, il est impossible d'attirer leur attention autrement que par ma seule présence. En fait, il est impossible d'entrer en contact avec eux. Bizarrement, si nos voix sont empruntées à la pensée des visiteurs, ceux-ci ne les entendent pas. Ou, peut-être, ils entendent ces mots, qui sont les leurs, mais ne se rendent pas compte que ceux-ci entrent dans une autre pensée, où ils servent à dire autre chose. Quoiqu'il en soit, c'est un fait, je ne peux pas leur parler. Je ne peux pas vraiment les observer, leurs mouvements sont trop rapides et les lumières de la galerie m'éblouissent constamment. C'est seulement lorsqu'un visiteur s'arrête et pendant que je me nourris sur lui que je peux saisir un visage, un homme ou une femme, avec une personnalité propre. Le reste du temps, je ne fais que guetter des silhouettes indécises, sans pouvoir même saisir aucun de ces détails qui me renseigneraient sur l'endroit où je me trouve, la langue des livres que les gens lisent, ou le titre et la date des journaux que, parfois, ils amènent avec eux. Cela, dans l'hypothèse, qui n'est pas certaine, que la galerie appartienne au monde humain et à une époque assez proche de la mienne pour que je puisse reconnaître la langue et le système de datation.

Je ne peux réfléchir calmement à ma situation qu'après m'être nourri, pendant les quelques moments de bien-être que les sensations que je capte me procurent. Ensuite, je retrouve l'attente que j'essaye seulement de tromper par mes spéculations. C'est la nuit que cette attente est la plus pénible. Il y a un moment où les gens quittent tous ensemble la galerie. Les lumières s'éteignent peu après, il ne reste qu'une veilleuse dans la salle. Je ne dors pas. Dans cette existence en peinture, nous n'avons pas besoin de sommeil, au sens où on l'entend dans l'existence humaine. Nous attendons les gardiens qui font leur ronde, une ou deux fois, en espérant qu'ils se laissent faire. Presque toujours, ils nous évitent. Notre temporalité est plus lente, de sorte que les jours et les nuits se succèdent de façon plus rapide que dans l'existence humaine. Les nuits, pourtant, restent longues. Nous ne pouvons pas mesurer les heures qui s'écoulent. Il faut passer le temps, comme on peut, en parlant le plus souvent à soi-même. Les figures de peinture ont l'habitude de se tenir de longs monologues.

Je dois dire que beaucoup des personnages qui apparaissent dans les tableaux sont dépourvus de toute vie. Ils sont, disons-nous, endormis. Ils ne manifestent aucune présence. Parfois, l'un d'eux se réveille, comme cela m'est arrivé, et commence à regarder et à parler. Cela se remarque aussitôt. Le regard des autres nous est aussi sensible que leur parole. Nous savons tout de suite, dans un tableau, qui regarde et qui dort. J'ai entendu, sans l'avoir observé, qu'il arrive également que des figures meurent. En fait, la vie des figures de peinture pourrait déjà être considérée comme une demi-mort. Ces personnages n'ont que très rarement la souplesse intellectuelle d'un véritable être pensant. Ils restent enfermés dans un monologue qui suit les nuances du sentiment que leur visage exprime. Leur parole semble relever d'un mécanisme interne, autonome, qui se déroule de lui-même indépendamment des circonstances extérieures. Il y a des exceptions, des figures qui ont une liberté intérieure, mais elles sont rares.

Je crois, du reste, que mon intérêt pour la spéculation, mes tentatives pour comprendre ma situation ne sont pas le résultat d'un choix de ma part, d'une décision libre, mais dépendent entièrement de l'image dans laquelle je suis logé. Celle-ci montre un savant, interrompu au cours d'un calcul ou d'une lecture. J'ai à côté de moi une mappemonde et un compas. Ces objets mêmes semblent m'imposer la tâche d'interroger le monde ou les mondes dans lesquels je me trouve.

Depuis que j'ai réalisé l'ennui de cette existence, je cherche à la quitter et à regagner le monde humain. Je suis convaincu que, puisque je ne peux pas me déplacer dans mon image comme je le ferais dans l'espace terrestre, la seule solution est d'étudier les lois qui régissent l'existence en peinture pour comprendre dans quelle mesure elles autorisent un quelconque mouve- ment, ou rendraient possible une fuite qui assurerait mon retour dans le monde humain. J'essaye également de discuter avec cette jeune femme que j'ai entendue dès mon réveil et qui a une plus longue expérience de ce mode d'existence à part. En fait, c'est la seule personne avec qui je puisse vraiment parler.

Comme la plupart des figures dont on ne voit pas le visage – elle est tournée vers la fenêtre et n'apparaît que de dos – elle n'est pas assujettie à un sentiment déterminé et dispose donc d'une certaine liberté de parole. Sa voix aussi est assez distincte.

Les voix des figures, je l'ai dit, ne me parviennent pas de l'extérieur et par l'intermédiaire de sons. Je les entends comme ma voix intérieure, dans mon esprit. Je crois que cela est lié à l'universalité des images. Dans cette existence, la pensée des autres nous concerne et s'applique à nous ou, plus exactement, est une possibilité pour nous, une possibilité que, avec un autre caractère, chacun aurait pu produire et, du moins, peut reprendre à son compte. La pensée des autres ne nous est pas étrangère comme elle l'est dans l'existence humaine, et c'est, je suppose, pourquoi elle peut s'entendre de l'intérieur. Quoiqu'il en soit, le résultat est que je suis livré à un brouhaha de multiples voix qui se mélangent et qu'il est difficile de distinguer. Cette sorte de télépathie, qui lie les figures, complique la communication plutôt qu'elle ne la facilite comme on pourrait le croire. C'est donc une chance d'avoir à côté de moi une compagne d'infortune à la voix assez libre et bien distincte.

Elle est d'un naturel enjoué et toujours prête à raconter des histoires sur sa vie humaine ou celle d'autres figures. Elle connaît du reste beaucoup de monde, parmi nos semblables. En fait, elle dispose d'une sorte de mobilité, qui vient de ce qu'elle apparaît également sur d'autres images. C'est, dit-elle, qu'elle a, dans sa vie humaine, servi de modèle pour de nombreux tableaux. Elle était mariée à un peintre qui la faisait poser dans ses scènes d'intérieur et, une fois passée de l'autre côté, elle s'est peu à peu réveillée dans ces différents décors, des tableaux dans des galeries qu'elle peut maintenant observer à sa guise. Elle a toujours devant les yeux, aux bords de son champ visuel, des zones de luminosité et d'atmosphère différentes. Il lui suffit de concentrer son attention sur l'un de ces points pour le voir se développer, gagner en netteté et, finalement, ouvrir sur une autre galerie. En même temps, elle sent l'image qui l'environne, son propre costume et sa pose se modifier. Ces sortes de voyages et sa curiosité pour l'anecdote lui ont permis d'entrer en contact avec de nombreuses images.

Personne, selon elle, n'a eu la même expérience que moi, avec le vampire. Toutes les figures de peinture ont des souvenirs d'une vie humaine. Malheureusement, ceux-ci ont tendance à devenir indistincts, à mesure que le temps passe. Ils peuvent alors fonder toutes sortes de mythologie. La plus répandue, d'après ce que me raconte ma compagne, est que l'existence en peinture est un prolongement post-mortem de l'existence humaine. Cette image dans laquelle nous apparaissons serait un tableau, dans lequel nous aurions été représentés de notre vivant. Certaines figures se souviennent même d'avoir commandé ce portrait dans lequel elles sont maintenant logées. Le tableau était bon et il a survécu pour être exposé dans un salon, un musée. Il offrait alors une place dans laquelle notre âme, notre esprit, notre être − je ne sais pas quel mot les figures de peinture préfèrent − a pu s'établir au moment de notre mort, c'est-à-dire au moment où notre corps humain a cessé de fonctionner. Nous nous serions ainsi réincarnés dans une image.

Je ne crois pas un instant à cette histoire. Elle ne correspond pas à mon expérience. Le style de mon image, également, est bien antérieur à l'époque de ma vie humaine. Il est vrai que mes souvenirs humains pourraient être trompeurs, je ne peux pas m'y fier sans précaution. Cependant, il y a d'autres raisons, plus profondes, qui, à mon avis, obligent à rejeter cette explication que se sont imaginée les figures de peintures. Les images, dans lesquelles nous sommes logés, me semblent trop adéquates à nous-mêmes, trop intérieures et, je l'ai dit, trop universelles pour avoir été simplement produites par des peintres dans le monde humain. D'autre part et surtout, en admettant même que ces images viennent réellement du monde humain, certains d'entre nous disent avoir vu de leur vivant le portrait où ils allaient se réincarner. Mais, si le portrait était achevé, il devait déjà loger un être et avoir pris une vie, qui était donc indépendante de celle du modèle qui l'avait inspirée. Je ne comprends pas comment la mort du modèle aurait alors pu modifier l'être du portrait et l'animer. Cette histoire de réincarnation me semble invraisemblable.

Néanmoins, je ne sais pas si je dois seulement la rejeter comme un mythe ou douter du rapport que m'en fait la jeune femme à côté de moi. Je me méfie. Plusieurs fois, il m'est venu à l'esprit que, d'une façon ou d'une autre, c'est elle la femme-vampire, qui m'a mis dans cette situation. Evidemment, elle n'ignore rien de ce soupçon puisque ma voix intérieure passe dans son esprit, mais elle n'a pas paru comprendre ce dont il s'agissait. Ou alors elle ment et, en fait, arrive à contenir sa pensée, de sorte que, tout en écoutant moi-même sa voix intérieure, presque comme la mienne, je ne sache rien de la vérité. Mes soupçons sont, pour l'essentiel, fondés sur la ressemblance de l'image qu'elle habite avec le tableau que j'ai vu dans la glace au moment de la morsure. Je n'ai pas, cependant, d'élément objectif pour reconnaître la femme-vampire dans ma compagne d'infortune. Je ne vois pas son visage qui, dans l'image, est tourné vers la fenêtre. Sa voix ne me parvient que de l'intérieur et, sans doute, telle qu'elle l'entend elle-même. Je ne peux pas comparer cette voix intérieure à celle de l'autre, avec son timbre, ses sonorités. Ma compagne de l'image a peut-être une façon de parler et d'accentuer certains mots, qui me rappellerait l'autre femme, dans le monde humain. Mais cette ressemblance reste incertaine et ne fait qu'exciter mes soupçons sans m'apporter de réponse.

Je me préoccupe surtout de trouver un moyen de regagner l'existence humaine. Je pensais d'abord qu'il suffirait de sortir de mon image pour descendre dans la galerie. Mais, à la réflexion, rien ne m'assure que la galerie appartienne au monde dans lequel j'ai vécu. La galerie pourrait aussi bien s'inscrire dans un autre monde, qui, simplement, ressemblerait au nôtre par certains aspects. Il est vrai que dans cette histoire, ce mythe qui vient de m'être rapporté, la galerie a sa place dans le monde humain, à une date ultérieure à celle de notre disparition. Il est vrai aussi que les visiteurs, dans cette galerie, ressemblent aux hommes, que leurs musées ressemblent aux nôtres. Ces ressemblances, pourtant, ne garantissent pas l'identité des deux mondes. D'une part, il y a la question de l'identité métaphysique de ces mondes. Imaginons que je réussisse à descendre dans la galerie et que je me retrouve dans une salle du Louvre, dans un Paris identique à celui que je connais. Je rentre chez moi, je ne remarque rien d'anormal. Comment pourrais-je m'assurer que ce Paris appartient au même monde que j'ai quitté ? Dans la mesure où je suis sorti de l'espace et du temps naturels, pour entrer dans cette image, il me faudra une véritable preuve que le monde dans lequel je retombe est le même que celui que j'ai quitté. Le simple fait que je ne remarque aucune différence entre ces mondes ne suffira pas à établir leur identité et à écarter le doute.

D'autre part et surtout, il se peut qu'il existe de grandes différences entre ces mondes. Je ne sais rien de la façon dont les gens de la galerie vivent. Je peux m'attendre aux pires surprises. En fait, ce que je crains, ce n'est pas de me retrouver en un lieu et à une date différente dans notre monde comme sur une autre planète dans un futur lointain. Dans ce cas, je pourrais espérer réussir à voyager dans l'espace et dans le temps pour regagner mon point de départ. Par ailleurs, les gens de la galerie sont, je crois, trop proches des hommes que je connais pour qu'ils puissent habiter le même monde mais à une place, dans l'espace et dans le temps, tout à fait différente. En se déplaçant dans l'espace et dans le temps, ces êtres auraient évolué, se seraient transformés et, vraisemblablement, ne ressembleraient pas tant aux hommes de mon époque. C'est cette ressemblance qui m'inquiète. Ce que je crains, c'est de me retrouver dans un autre monde, non identique au monde humain, sans rapport immédiat avec lui et, en particulier, sans lien dans l'espace et dans le temps.

Cela dit, il me semble clair que le monde de la galerie a une réalité. Il appartient à l'être d'une image d'être visible et, par conséquent, d'être soumise à des regards extérieurs. Une image est exposée quelque part, dans un monde habité par des regards. Il me faut donc accorder autant de réalité au monde de la galerie qu'à l'image même dans laquelle je me suis reconnu. Je peux me tromper absolument sur ce que je vois dans ce monde, son contenu peut être tout à fait différent, sans cette galerie, sans ces visiteurs à forme humaine. Les visiteurs sont peut-être des illusions, des fantômes ou une projection de ma part qui couvre d'une forme humaine l'être différent qui me regarde. Mais je ne crois pas que je doive douter de l'existence même d'un monde dans lequel mon image, si je suis logé dans une image, est exposée.

Le problème de la réalité se pose plutôt à propos du monde humain dont je me souviens. Ce monde pourrait être de l'ordre du rêve, mes souvenirs n'être que des fantasmes. J'aurais pu naître dans cette image, comme figure de peinture, avec les souvenirs d'une vie que je n'aurais pas vécue mais qui conviendrait à cette figure là. Bien sûr, je ne sais pas comment, dans le monde de la galerie, on pourrait faire naître une figure de peinture, ni lui injecter la mémoire d'une vie humaine. Je dois reconnaître aussi que la non-existence du monde humain, l'irréalité de la vie dont je me souviens me semble peu vraisemblable. Mais cela ne signifie rien. Si l'on m'a donné ces souvenirs, sans que j'eusse vécu cette vie, c'est précisément que pour me pousser à croire au monde humain, à le regretter et à le chercher. Il faut être prudent.

Il faut aussi prendre en compte un autre élément. Toutes les figures de peinture, dans cette galerie, s'accordent dans leurs souvenirs d'une vie humaine. Il est difficile de faire parler les figures de leur passé, peut-être parce que le monde humain n'est plus le nôtre, s'il l'a jamais été. Cependant, d'après ce que j'entends dans les voix et ce que me raconte ma compagne, nos souvenirs se rapportent à des époques et à des lieux différents mais tous appartiennent au monde humain. Plus exactement, nos souvenirs se rapportent à un seul monde avec une histoire qui correspond à ce que je connais du monde humain. Ils s'inscrivent dans une histoire cohérente et vraisemblable, l'histoire possible d'un monde. Cela n'exclut pas que nos souvenirs relèvent d'une imagination collective qui nous lie et qui se soit formée en nous ou nous ait été donnée de façon artificielle. Je ne peux rien conclure concernant la réalité du monde dont je me souviens.

Il y a enfin le monde, les mondes, qui forment l'arrière plan des images dans lesquelles nous sommes logés. Je l'ai dit, je me tiens dans un cabinet d'étude, avec une fenêtre qui donne de la lumière. Cette pièce doit se trouver quelque part, dans une maison, dans une ville. Il faut que l'espace se poursuive au-delà des limites de la pièce. Or cet espace, même s'il n'y existait rien d'autre que la pièce où je me trouve, serait une sorte de monde. Ce monde, qui s'ouvre dans l'image, n'est ni le monde de la galerie, ni le monde humain. Il possède une structure différente. Il est, en particulier, sans aléatoire. Mais l'horizon de l'image est un monde, un monde auquel j'appartiens et que je peux sans doute explorer.

Je soumets ce projet à ma voisine et je me rends compte qu'elle cherche à m'en dissuader, avant même que j'aie trouvé un moyen de réellement pénétrer dans le monde des images. Si elle ne me le dit pas de cette façon, elle veut me convaincre que le fond des images ne constitue pas un véritable monde. Elle est tournée vers l'intérieur de l'image et peut donc observer l'arrière-plan mieux que moi, qui fais face à la galerie et ne vois rien de ce qui m'entoure. Or elle me dit que ce monde, puisque je l'appelle ainsi, n'est fait que de ce qui est visible de l'extérieur de l'image, c'est-à-dire de la galerie. La salle dans laquelle elle se trouve ne comporte des couleurs définies que dans l'angle qu'a saisi le peintre. Ensuite, les murs qui débordent l'image sombrent dans le vague, perdent leur couleur, bien qu'ils soient encore marqués du trait noir d'un dessin en perspective. La pièce de derrière, que l'on devine par une porte ouverte au fond de la salle, n'est constituée que d'un pan de mur et d'un coin de plancher qui s'avancent dans un vide sans forme, ni couleur. La fenêtre ouvre également sur le néant. Il y flotte la tête d'un passant, une branche et, beaucoup plus loin, le dernier étage du clocher, sans support comme des bulles immobiles. Il y a, c'est vrai, de la lumière dans ce vide, une lumière de fin d'après-midi, une belle journée. Il y a donc peut-être un soleil que ma compagne ne voit pas. Mais, elle insiste, à l'intérieur même de la salle, les choses, les personnages, les deux hommes, dessinent derrière eux, dans la partie du plancher et des murs que leur masse cache, des sortes d'ombres, au bord desquelles la couleur commence par disparaître, puis la matière et jusqu'à une fente, au milieu, « qui s'ouvre comme une bouche ».

Ce sont ses propres mots. Néanmoins, la présence de ces vides, de ces zones où il n'y a rien, dans l'intérieur de nos corps et, je l'apprends maintenant, tout autour d'eux, n'empêche pas que le fond des images puisse former un monde. Celui-ci sera seulement différent du monde humain. Je peux imaginer un monde consistant en un océan de vide où flottent des îlots de matière pénétrés encore par le vide, à l'intérieur de nos corps et le long de nos ombres. Ce monde resterait un monde. Le monde humain, du reste, comporte bien des vides entre les corps. Ce que nous appelons l'air autour de nous est un tel vide de formes et de couleurs. Si l'on en croit les savants, la terre elle-même tourne dans le vide. Le vide, dans le monde des images, sera seulement plus abondant et réparti de façon différente.

Le monde des images vérifie des lois différentes de celles du monde humain. Le seul problème est de comprendre comment y accéder et comment s'y déplacer en traversant ces vides. Le fait même que les objets puissent flotter dans le vide, d'après ce me dit ma compagne, indique que celui-ci est inoffensif et que l'on n'y est pas absorbé : on ne tombe pas dans ce monde sans pesanteur.

Il n'est pas sûr que toutes les images soient reliées entre elles dans un même monde. Et je me rends compte que le monde qui s'ouvre dans certaines images doit être absolument différent du mien. Je pense à ces portraits avec leur fond, noir ou marron, comme la nuit. Je ne vois pas ce que je pourrais trouver dans ces mondes ni comment je m'y repérerais. Néanmoins, plusieurs images que je contemple dans la galerie, d'autres que me décrit ma compagne et que je peux presque voir, ont des éléments communs, deux clochers notamment qui réapparaissent souvent. Ces vues, à les observer et à écouter les figures qui y vivent, semblent prises sur une même ville, ce serait, je crois, Delft dans le monde humain. Ces images là doivent appartenir à un même monde. C'est ce monde que je veux explorer.

Je suis beaucoup plus attiré par le monde des images que par celui de la galerie. Il y a plusieurs raisons à cela. La curiosité d'abord, puisque ce serait un monde différent de celui que je connais, avec une autre structure, d'autres lois. Ensuite, ce monde des images me semble sans danger immédiat. Si j'y accède, ce sera en tant que figure de peinture. Or je ne crois pas qu'une figure de peinture, dont le corps est vide, puisse mourir de l'un de ces accidents qui tuent dans le monde humain. Il y a sans doute d'autres causes de destruction mais, ne les connaissant pas, je ne les crains pas. Enfin, je sais que le monde des images est en rapport immédiat avec le monde humain, puisque j'ai pu passer de l'un de l'autre. C'est-à-dire s'il existe un monde humain. Je ne peux pas plus m'assurer de la réalité du monde humain que m'empêcher de la chercher. Or le monde des images est peut-être le seul lien du monde humain au monde de la galerie. Il me semble donc qu'en pénétrant dans le monde des images, je m'éloignerai moins du monde humain qu'en descendant dans la galerie. Evidemment, il faudrait que je puisse sortir de mon image et pénétrer dans ce monde qui l'entoure. En même temps, je sens bien que ma compagne en sait plus qu'elle ne me le dit. C'est une impression bizarre. J'entends tout ce qu'elle pense, c'est-à-dire tout ce qu'elle dit de sa voix intérieure, et, pourtant, je suis convaincu qu'elle me cache quelque chose, quelque chose qu'elle n'exprimerait donc pas et à quoi elle ne penserait jamais de façon explicite. Ce secret, il faut qu'elle le garde dans une partie de son esprit à laquelle je n'ai pas accès ou une partie de son esprit qui n'est pas là, dans cette image à côté de moi.

Je commence peut-être à comprendre. Je lui demande si ce vide est habité. Elle hésite et je sais donc qu'il l'est.

Elle figure, je l'ai dit, dans de nombreuses scènes de genre qu'elle attribue à son mari, un peintre hollandais du XVIIᵉ siècle. Elle semble croire à cette histoire de réincarnation que j'ai rapportée plus haut et, pour elle, ces images, qu'elle habite, sont les tableaux de son mari. Elle y est toujours représentée sous les traits d'une jeune femme occupée à une tâche domestique et accompagnée d'autres personnages, des enfants, une vieille, des hommes qui la font boire. Ces personnages qui l'entourent ont rarement pris vie. Elle-même ne s'est pas réveillée dans tous les tableaux où l'avait placée le peintre. Elle n'apparaît pas non plus sur tous les tableaux qu'a produits le peintre, c'est-à-dire les images qu'elle lui attribue, et elle m'en a montré plusieurs sans elle dans la galerie où nous sommes. Les images, qu'elle y vive ou non, ont toujours la même structure. La scène se passe dans un lieu clos, tantôt une pièce éclairée par des fenêtres sur le coté gauche, tantôt une cour derrière une maison, fermée par des murs de briques. Il n'y est ménagé qu'une ouverture, une porte, qui, après une allée bordée des mêmes murs ou un couloir ou une autre pièce, donne sur une rue de Delft. Cette rue, souvent, longe un canal et l'on voit une maison sur le côté opposé, une maison de briques avec des volets peints de couleurs vives. Au bout de cette ouverture, au bout du couloir ou de l'allée, donc tout à fait à l'arrière plan, se profile un homme qui semble venir interrompre la scène, un homme enveloppé d'une cape noire et portant un chapeau de même couleur aux bords larges et qui cache en grande partie son visage. Or je me rends compte maintenant que cet homme, ces hommes, n'ont pas la présence des figures de peinture que je connais. Je n'entends aucune voix venant d'eux et, pourtant, je sens bien qu'ils ne sont pas sans vie comme les figures mortes ou qui ne se sont jamais réveillées. Il en émane une présence indéfinie, sans caractères propres. Leur regard a quelque chose d'inanimé mais il n'est pas éteint. Il y a un regard. Si cela a un sens, j'ai l'impression d'un regard sans personne qui regarde.

Il est évident que ces hommes en cape viennent du monde des images. J'interroge ma compagne de nouveau. Elle fait comme si elle n'entendait pas mais je découvre d'autres êtres, de même nature, que je n'avais pas remarqués, l'un est à moitié caché dans un buisson. On ne voit que sa tête qui dépasse et ses yeux qui brillent. Parfois, ils ne sont pas présentés en personne mais, de façon indirecte, dans un portrait accroché au mur, un visage dessiné sur le linteau d'une porte, sur un volet, et dont le regard s'accroche à la jeune femme. Parfois, c'est même seulement un objet rond, une casserole pendue au mur, qui forme un œil et surveille la pièce.

Je dois dire que, à force de l'entendre de l'intérieur, d'esprit à esprit, j'en suis venu à une bizarre intimité avec ma compagne de l'image. Je peux suivre parfaitement le fil de ses pensées, jusqu'à, d'une certaine façon, les partager. Il m'arrive même de ne plus reconnaître sa voix intérieure comme un phénomène étranger dans mon esprit, tellement je m'y suis habitué et l'ai assimilée. Il me semble parfois que je vois les choses qu'elle voit et que je sens de l'intérieur les êtres qui l'entourent dans les images où elle vit. Evidemment, cette proximité ne va pas sans affection ni sans méfiance. En ce moment, elle en sait plus qu'elle ne veut m'en dire, de ces êtres du monde des images, et, pourtant, je suis certain que c'est une pensée étrangère, la sienne bien sûr, qui me les a d'abord montrés dans leur présence anonyme que je n'avais pas remarquée.

Je continue à suivre les pensées de ma compagne, guettant le moindre indice sur ces hommes en cape qui viennent du monde des images. Elle a conscience de ma surveillance et, de guerre lasse je pense, elle me raconte une anecdote sur son peintre. L'histoire elle-même n'a pas d'importance. Mais j'apprends qu'il mettait un soin particulier au positionnement de ses hommes en noir et, plus curieux, qu'à la fin de sa vie, il en avait peur. Il se plaçait lui-même sur l'image de dos, dans le couloir qui conduit à la salle où se déroule la scène, faisant face à ces hommes sombres qui arrivent du dehors comme pour les empêcher d'entrer. Ma compagne me décrit l'image et je la vois très clairement. Le regard de l'étranger passe par-dessus l'épaule du peintre, qui, lui-même, n'a pas repris vie.

Il est clair que ces hommes noirs ont une fonction dans les tableaux du peintre. Ils attirent l'attention vers le fond de l'image. Dans les vues de la cour, lorsque l'homme apparaît au bout de l'allée, il manifeste les rapports de grandeurs dans l'arrière plan. Il rend sensible la diminution des grandeurs qu'exige la perspective. Sa présence est peut-être nécessaire pour que s'ouvre un espace dans l'image. Mais cela n'est pas la seule fonction de ces êtres bizarres. Il y a quelque chose avec ces regards qui surveillent la scène et semblent même fixer la jeune femme. Il me vient à l'idée qu'elle vit d'un double regard, celui du spectateur dans la galerie et l'autre qui vient du monde de l'image. En fait, ces personnages, dans l'arrière plan, sont symétriques au spectateur dans la galerie. Ils en sont le pendant dans l'image. Ils n'appartiennent plus à la scène. C'est pourquoi il leur suffit de se loger dans un portrait accroché à un mur, une image donc, d'où ils sont aussi éloignés de la scène que le spectateur dans la galerie. S'ils apparaissent en personne, marchant vers le lieu clos où se déroule la scène, ils appartiennent encore à un monde de derrière l'image et s'apprêtent seulement à intervenir. L'image, telle qu'on la voit, n'est qu'un espace intermédiaire, une sorte de frontière entre ces deux mondes, avec ces deux regards, qui se font face.

Ces hommes en cape viennent d'un monde de derrière l'image comme le spectateur vient du monde de devant l'image. Ils doivent pouvoir s'y déplacer comme le spectateur dans le sien. Je me demande, puisqu'il y a une sorte de symétrie : peut-on échanger les places ? Existe-t-il un moyen pour le spectateur que je suis par rapport à ces images de Delft, de prendre la place de l'un de ces êtres et, ainsi, de pénétrer dans leur monde ? Si j'ai entendu une allusion à quelque chose comme cela dans les voix qui me parviennent, je n'ai pas compris comment l'opération se réalisait. Mais l'existence en peinture comporte des phénomènes étranges et dont on n'a pas idée dans l'existence humaine, comme ces sensations que l'on capte dans les corps étrangers. Par ailleurs, ces hommes en noirs sont des regards sans personne, des places vides que, peut-être, on peut encore occuper. J'essaye. J'essaye de diriger mon attention sur cet homme au bout du couloir dans une image de la galerie en face de moi, de sentir ce qu'il sentirait, de m'en nourrir comme je le fais sur les visiteurs. Rien ne se passe.

« Ça ne marche pas quand tu le regardes. »

J'écoute encore, mais rien d'autre. C'était une voix distincte comme celle de ma compagne et qui couvre les autres. Je me demande si elle-même n'aurait pas déguisé sa voix. Je ne sais pas si l'on peut déguiser sa voix intérieure. Elle doit bien percevoir que j'essaye de sortir de mon image. En tout cas, je comprends ce que la voix me dit. Cet homme, au fond de l'image, bien sûr, je ne peux pas être à sa place, puisqu'en le regardant, je ne peux pas voir ce qu'il voit.

Je passe en revue les images de la galerie. Là, j'en ai une qui convient. C'est une famille qui pose dans la même cour où sont situées les scènes de genre, un portrait de groupe. Mais un homme est en train de partir, il est déjà loin dans l'allée qui prolonge la cour, un long couloir bordé par des murs de briques. Il est de dos. Il ne voit pas la famille et c'est sans doute pourquoi ils n'ont jamais pris vie. Peu importe. Je regarde par-dessus son épaule, l'allée, les murs de briques, jusqu'à une rue derrière. Cela s'agrandit, je vois de mieux en mieux, je suis aspiré vers l'image, il me semble que je vole à travers la cour jusqu'à cette silhouette de dos, j'atterris juste au-dessus de l'oreille.

Je marche vite, sans me retourner. Je sais que quelque chose ne va pas. La cape me gène. Mes pas crissent sur le sable de l'allée. C'est le seul bruit. Autour de moi, tout semble immobile, l'allée avec ses murs délabrés, la maison derrière. Il y a une ouverture dans le mur à droite, sur un jardin. Je m'y engouffre. Je veux avant tout quitter l'image et la présence des figures de peinture. C'est un potager avec un arbre sur le côté. En face, une porte de bois, à moitié pourrie, est restée entre-ouverte. Je traverse le jardin, longeant les plates-bandes, et je sors dans la rue. Je peux m'arrêter.

Le ciel est limpide, le soleil clair mais bas donne une belle lumière. C'est un après-midi à la fin de l'hiver, au début du printemps. La rue est déserte avec ces deux maisons plantées dans le sable, de chaque côté du canal. Elles sont reliées par un pont, une seule arche qui enjambe la voie d'eau. Une dizaine de mètres à ma droite, ce doit être la demeure du peintre avec derrière la cour d'où je viens et, en face, la maison que l'on apercevait par la porte ouverte au bout du couloir sur certaines vues. Elles sont isolées le long du canal et les murs sont presque en ruine. On se croirait dans une friche aux abords d'une ville, un lotissement abandonné avant que les maisons adjacentes n'aient été construites. Pourtant, les volets en face sont ouverts comme si la maison était habitée. Il n'y a aucun bruit. Je ne vois personne. Un peu plus loin, quelques centaines de mètres, sur la berge opposée, j'aperçois le clocher dont me parlait ma compagne de l'image, entouré de plusieurs maisons, un hameau. Ensuite, c'est à perte de vue une étendue de sable avec de temps en temps des dunes assez basses. Les quais de pierre qui enserrent le canal s'interrompent peu après l'église, et l'eau s'écoule dans le sable, dans un lit large et peu profond, avec de nombreuses branches.

Je me rends compte maintenant que les tâches, les inégalités qui couvrent les murs des maisons, ne sont pas dues au temps et au délabrement. Evidemment, les murs sont faits de peinture, et non de briques. Ce n'est pas la matière solide, pleine du monde humain. De loin, les façades font assez bien illusion. Mais, en regardant mieux, on distingue l'épaisseur de la peinture, les croûtes de couleurs différentes. Et ne figure de cette rue que ce qui en a été peint, posé dans le sable.

Il y a quelque chose d'irréel à me trouver là et qui ne tient pas seulement à ce paysage inattendu. Ce sont d'abord mes vêtements. Une cape lourde ou un manteau, plutôt gris que noir, ouvert sur le devant et dont les pans battent quand je marche, un gilet gris aussi en soie apparemment. Puis, au moment de toucher la texture, je remarque mes mains, veinées mais jeunes, larges avec des poils noirs. Ce ne sont pas les miennes. Je m'en doutais un peu, à cette impression bizarre quand je marchais. J'ai non seulement pris l'habit mais le corps même de l'homme dans le portrait de groupe.

Je fais encore quelques pas avec plus de précaution. Je suis plus petit qu'avant, ces jambes sont plus courtes mais ce corps m'obéit. Je ne le sens pas plus que celui que j'avais dans l'image. Ce corps est encore vide. La différence, c'est que je peux me déplacer. Je me demande, du reste, comment je peux faire bouger ce corps vide, sans muscle et dépourvu de sensations. Ce doit être l'effet de la volonté. Il me suffit, je suppose, de vouloir me diriger vers un objet, de vouloir faire tel mouvement, en me guidant de la vue et, le cas échéant, de l'ouïe. Je vois et j'entends normalement. Pourtant, l'absence de sensation avec la possibilité de mouvement me donne une impression bizarre, de ne pas me trouver dans ce corps mais de le diriger à distance, tout en restant ailleurs. Je réfléchis aussi que l'homme, dans le portrait de groupe, dont j'ai pris la forme, n'a pas pu quitter l'image. Il me semble qu'une image, par essence, est immobile. L'homme, ou simplement ce corps, a donc dû se dédoubler de quelque façon, et j'en ai emprunté une sorte de copie.

Mes mains ne sont pas faites de peinture, comme la façade des maisons. Je me souviens maintenant que les plantes du potager ne l'étaient pas non plus. Je suppose que cette matière là ne convient qu'aux choses inanimées, tandis que les êtres vivants reprennent leur texture normale. Cela signifierait qu'il y a dans ce monde une vie indépendante. En même temps, je ne comprends pas d'où elle viendrait.

Je pince ma main gauche. La peau est souple mais résistante et parfaitement insensible. Ce n'est même pas comme une anesthésie, qui s'accompagnerait d'une sensation d'engourdissement et de gonflement. Ma main ne rend absolument aucune sensation. J'ai seulement l'impression, assez juste en réalité, que ces mains, ce corps ne sont pas les miens et que j'y suis attaché par erreur. Je me demande si ce corps, indolore, est indestructible. Sans doute pas. Je rapproche mes deux mains et les tape l'une contre l'autre. Il y a une résistance lorsqu'elles se touchent et rebondissent. Je suis moi-même surpris par ce bruit d'applaudissement isolé dans le désert. S'il y a quelqu'un dans ces maisons, je l'ai prévenu de mon arrivée. Je m'arrête et j'écoute : rien ne bouge.

Il me reste à savoir à quoi je ressemble, mon visage. Je n'ai pas conscience de mon apparence et, pourtant, je commence à avoir un doute. L'homme, dont j'avais emprunté le corps, était de dos sur l'image, le peintre n'avait donc pas besoin de lui donner un visage. J'hésite un peu. Mais il vaut mieux en avoir le cœur net. J'approche la main. Je cherche la joue. Prudemment d'abord. Je ne rencontre aucun obstacle. Ma main semble s'enfoncer loin derrière mon visage. Je la retire. Je peux suivre le bord du chapeau mais, lorsque je descends, ma main glisse dans le vide. Je peux passer mon doigt entre mes deux yeux, dans mes yeux, sans aucune douleur, aucune gêne sinon que je ne vois alors plus rien qu'une portion de ma main.

L'absence de sensation enlève toute réalité aux émotions. On ne peut pas être réellement effrayé sans avoir la sensation de pâlir, les mains moites. Ce n'est pas que l'on n'ait aucune émotion, ou aucun sentiment, mais ceux-ci sont dépourvus de l'immédiateté qu'ils prennent dans l'existence humaine. On ne peut plus en être envahi. Ils ont, je dirais, perdu leur matière et il n'en reste que la forme. Peut-être sont-ils réduits à une habitude de l'esprit, une attitude que l'on prend, ou des mots que l'on se dit, dans certaines circonstances ? Quoi qu'il en soit, ce corps vide donne un certain calme. Il laisse l'esprit plus libre.

Ce qui me préoccupe, en fait, c'est la façon dont je vais me nourrir. Avec ce corps vide, il me faudra, j'imagine, capter encore des sensations étrangères et, par conséquent, revenir à proximité de la galerie et de ses visiteurs. Je m'approche donc de la maison. Je commence par jeter un coup d'œil par la fenêtre. Ma compagne de l'image est là immobile de l'autre côté des carreaux. Elle tient son verre un peu au-dessus de son visage. Je la reconnais parfaitement. C'était déjà elle dans la chambre aux rideaux oranges. Elle a donc le moyen de passer d'un monde à l'autre. Les deux hommes qui la faisaient boire ont disparu. Il reste peut-être un tremblement dans l'air là où ils devraient être. Ou bien ils ont quitté la pièce, ce que je ne crois pas, ou bien les figures mortes n'apparaissent pas de l'intérieur de l'image. Je m'avance un peu pour essayer d'observer ce qui se passe dans la galerie. Mais, à l'endroit où devrait se trouver l'ouverture, il flotte seulement à mi-hauteur un rectangle blanchâtre, un peu phosphorent. La galerie doit être derrière, je ne distingue rien. Autrement, je reconnais le mobilier dans la partie de la pièce que je voyais depuis l'image où j'habitais. Effectivement, il y a derrière la jeune femme une sorte d'ombre où le parquet s'estompe et se transforme en sable. Je me demande si elle me voit du coin de l'œil comme le font les portraits. Je n'entends pas sa voix. Je ne sens aucune présence, pas de présence définie du moins, peut-être cette présence vide des hommes en cape lorsque j'étais dans l'image. Manifestement, je suis coupé de tout contact avec la galerie comme avec ma compagne de l'image. Me voilà donc seul dans ce monde de derrière les images et sans visage. Je n'arrive pas à m'habituer à ce non-visage. Je ne comprends pas d'abord comment je peux avoir gardé le sens de la vue, sans visage et sans yeux. Lorsque j'ai essayé de toucher, je n'ai rien senti, ni le front, ni les yeux. Pourtant, il faut bien que ma vision ait un point de départ, une zone de focalisation. Il doit y avoir deux zones à l'endroit de mon visage, qui, quel que soit leur aspect, me servent à voir et sont mes yeux. Je veux bien que ces yeux soient invisibles. Je peux imaginer un homme, ou un visage, invisible qui, lui, peut voir. Il m'est plus difficile d'accepter que mes yeux échappent également au toucher. Pourtant, cela ne fait pas grande différence. Même invisibles et sans texture, ces yeux ne peuvent pas consister en rien. Ils ont une sorte de réalité. Cela devrait me rassurer un peu.

Je ne sais pas quelle direction prendre maintenant. J'imaginais autrement le monde des images. Je m'y suis jeté sans précaution, sans réfléchir en fait. Il me reste encore du temps avant de devoir me nourrir. Après, il faudra que je trouve une solution. L'étendue de sable derrière les maisons est désolée. C'est un sable ni jaune, ni gris. Depuis tout à l'heure, j'ai en tête une phrase de Fromentin sur le désert, « la couleur du vide ». C'est seulement maintenant que cela me frappe, le vide. Les maisons sont bien posées dans le vide. Simplement, elles ne peuvent pas réellement se tenir au-dessus de rien. C'est pourquoi il y a ce sable, couleur de vide.

Ce monde est donc conçu sur le modèle du monde humain. Les différences sont réduites au minimum. En même temps, je ne comprends pas pourquoi ce monde devrait ressembler au mien et, par exemple, pourquoi ce monde, où les corps sont vides, connaîtrait la pesanteur. D'autre part, il y a presque une tromperie à ce que ce paysage soit construit autour d'un jeu de mot, un jeu de mot qui se rapporte à un souvenir de lecture tout personnel. Cette phrase de Fromentin m'a toujours intrigué mais comment a-t-elle pu prendre cette portée dans le monde des images ? J'en viens à penser qu'il y a dans ce paysage une présence qui l'a dessiné et se joue de moi. En fait, ce serait plus rassurant que cette solitude. Je décide de marcher jusqu'à l'église.

Je traverse le pont au-dessus du canal. L'eau verdâtre croupit sans courant. Je remarque que la porte de la maison d'en face n'est pas fermée mais simplement appuyée contre le chambranle. Je ne vois personne, j'hésite à entrer mais ce silence est menaçant. Je prends à droite vers l'église. Je viens de passer devant l'entrée de la maison lorsque j'entends un rire dans ma tête.

« Attends-moi quand même. »

Je suis sûr que tout est resté silencieux. Les mots ont résonné dans ma tête, bien que je puisse maintenant entendre les sons extérieurs. Ensuite, j'ai reconnu la voix qui m'a parlé et donné la solution lorsque je cherchais à quitter l'image du géographe. En me retournant, je vois qu'une goutte brune est tombée du macaron, sur le linteau de la porte. C'est un homme petit qui se relève et vient vers moi.

« Tu veux visiter ? »

Il rit à nouveau, dans ma tête, et indique d'un geste la direction de l'église. Il est maintenant tout près de moi. Avant que je m'en rende compte et tout en me montrant l'église, il a passé l'autre main sous ma cape et en a retiré un poignard.

« Je te l'enlève. Ce n'est pas trop dangereux ici mais ça me rend toujours nerveux. »

Il glisse l'arme à sa ceinture et m'entraîne par le bras.

« Sans rancune, hein ? »

Bien que l'homme ait une taille d'adulte, son visage a gardé quelque chose du macaron dont il vient, un visage de chérubin avec de grosses joues et des boucles blondes. Son sourire, grimaçant et édenté, n'est pas à sa place sur ces traits d'enfant. Je me souviens que je n'ai moi-même aucun visage. Pourtant, l'homme ne semble pas surpris par mon apparence, pas plus que par mon silence. Nous commençons à marcher.

La voix, qui m'a guidé hors de l'image dans ce monde, venait donc du macaron. Je suppose qu'il existe des scènes, des vues de la cour ou de la salle, depuis lesquelles on peut distinguer le macaron de la maison d'en face. De là, l'homme, qui vient de sortir du visage sculpté, a dû suivre mes conversations avec ma compagne de l'image. Je n'ai jamais senti sa présence. Il a pu faire un silence absolu dans ses pensées. Evidemment, il est en train de lire les miennes.

« Oui, c'est vrai. Eh, je ne peux pas m'empêcher de t'entendre ! »

Il s'arrête un instant et me tape sur l'épaule. Je ne sens rien, je vois seulement le mouvement de son bras.

« Ne t'inquiète pas. Il ne peut rien t'arriver ici du moment que tu te nourris. Je connais d'ailleurs un endroit agréable. Tu veux bien discuter un peu ? »

Il est tourné vers moi et me regarde dans les yeux alors que je n'ai pas de visage. Mais, en passant la main, machinalement, je m'aperçois que mes joues ont gagné une certaine consistance, un peu molle peut-être, mais ce n'est pas le vide de tout à l'heure. Mes mains, elles, ont presque repris leur aspect normal. L'homme m'observe encore.

« Tu vois, ça revient. »

Il continue à suivre mes pensées. Je n'aime pas cela. Je crois aussi qu'il me doit une explication. Je décide dans l'immédiat de fermer ma pensée, c'est-à-dire de ne plus penser à rien. Nous marchons donc en silence.

L'église n'est pas très loin mais, durant le trajet, l'homme subit de rapides transformations. D'abord, il perd tous ses cheveux. Ce n'est pas que ses cheveux tombent à proprement parler. Ils disparaissent peu à peu et laissent voir un crâne chauve. Son visage se creuse. Le plus remarquable est la couleur de sa peau.

En sortant du macaron, il avait le teint jaunâtre. Sa peau est maintenant devenue très mate, marron en fait, et son crane commence à briller au soleil, un peu comme de l'or. Le mot qui me vient, c'est le mort-doré. Il me jette un coup d'œil de temps en temps pour observer, je suppose, le visage qui en train de me venir. En tout cas, à force de maigrir, lui prend l'allure d'un squelette, une véritable tête de mort sauf que sortent des orbites des yeux brillants et toujours écarquillés, scrutant de part et d'autre comme s'ils cherchaient quelque chose. C'est assez désagréable quand l'homme me regarde. Il est petit, voûté, et avance dans le sable rapidement, ramassé sur lui-même. De temps en temps, il fait rouler ses épaules comme s'il se dégourdissait. Je sais pourtant qu'il ne sent pas non plus son corps. Ce doit être une habitude. Je ne peux pas lui donner d'âge.

Nous atteignons le hameau et tournons dans une rue pavée qui conduit à l'église. Nous ne rencontrons personne. A la dernière maison, celle qui fait le coin, est accrochée une enseigne, illisible. L'homme pousse la porte et me laisse entrer sans rien dire.

C'est une grande pièce très sombre avec un long comptoir qui borde le mur du fond. Des hommes sont attablés, seuls ou par petits groupes, moroses. Les tables sont éclairées par une bougie posée au milieu. J'entends, dans ma tête, des voix basses qui s'interrompent lorsque nous avançons dans la salle. Mon compagnon salue à la cantonade, c'est-à-dire dans nos têtes toujours mais d'une voix forte. On lui répond. Nous nous asseyons à une table isolée. La flamme de la bougie reste verticale et ne tremble pas. L'homme me montre un groupe autour d'une table plus loin, des joueurs de dés, d'un côté, et, de l'autre, je le reconnais lui-même entouré d'une femme et d'un vieillard. Les yeux lui sortent de la tête et il désigne à la femme le vieillard d'un geste véhément. Il y a devant la scène ce rectangle blanchâtre que j'ai déjà vu dans la maison du peintre, un peu plus grand cette fois. Nous sommes donc tout près de la galerie, d'une galerie :

« Je vois que tu reconnais un travail de maître, me dit-il avant de se lever, tu m'excuses, je ne peux pas résister, moi non plus. »

Il s'approche de la scène et semble se fondre dans son double que je vois alors s'animer. Ses yeux brillent d'un autre éclat. Très vite, on entend aussi, dans la tête, des sortes de grognement. Je suppose qu'il se nourrit. Personne n'y prête attention. Je reconnais dans la salle plusieurs des personnages de la scène, occupés à jouer aux cartes ou simplement à méditer. Je ne comprends pas ce qu'ils disent, de l'italien peut-être. Je sens qu'ils ont mangé et se reposent. Je commence aussi à avoir faim. J'attends que mon compagnon sorte. Je joue avec la bougie, qui, bien sûr, ne brûle pas.

L'homme revient au bout de quelques minutes, laissant son double, son corps peut-être, inanimé. Il s'assied en face de moi. Il est de meilleure humeur :

« Alors, tu veux retourner dans le monde extérieur ? »

Je comprends qu'il veut dire le monde humain. Je lui demande comment on sort. Nous parlons dans nos têtes.

« On t'installe dans un corps. Tu viens d'un portrait, non ? »

Il le sait, puisqu'il m'y a surveillé. Il attend pourtant que je réponde. Je n'ai qu'à penser :

« Oui. »

« Tu te nourrissais sur les gens qui passent ? Tu fais pareil. Tu choisis un homme, un corps vigoureux. Pas un souffreteux, il y a des corps qui sont des supplices. Tu t'introduis dans ses sensations et tu pars avec lui. »

« Je ne suis pas sûr de comprendre. »

« Oui, si ton homme ne quitte pas dans son corps, tu dois le partager avec lui. Rassure-toi, ce n'est pas un problème. Il te porte, tu jouis de son corps. Lui ne se rend compte de rien. C'est-à-dire il paraît qu'on se sent étranger à soi-même, j'ai entendu dire ça. Je ne sais pas ce que cela veut dire. D'autres se plaignent que les choses deviennent impersonnelles. Mais, de toute façon, ils ne peuvent pas en parler et, s'ils en parlent, on les prend pour des fous. Toi, tu commences par faire le mort. Tu ne bouges pas trop. Tu les observes et, quand tu les connais mieux, tu les prends en main. Tu les obliges à cesser le travail. Le travail, c'est toujours désagréable. Puis tu consacres leur corps à la recherche de sensations, au plaisir. En plus, tu sais, les sensations, celle de l'amour surtout, ont quelque chose de supérieur dans un corps qui ne t'appartient pas. Tu peux aussi l'user, ce corps, et en reprendre un autre quand tu l'as fini. »

Je l'entends ricaner. Son visage maigre, absolument immobile, est un masque doré au-dessus de la bougie. Ses yeux exorbités, noirs, sont fixés sur moi. Il reprend dans ma tête :

« Au début, tu ne parles pas. Tu te contentes d'accentuer certains mots, tu les répètes comme un écho. Cela suffit pour détourner leur pensée et les amener où tu veux. Tu sais, ils sont tout prêts à t'obéir. Je crois qu'ils ont une place dans leur tête qui est faite pour nous et où ils nous attendent. J'en ai connu qui sont devenus fous, c'est vrai, mais, dans ce cas, tu reviens ici et tu recommences. Tu ne t'éloignes pas trop des tableaux, surtout au début. Avant, les gens en possédaient eux-mêmes, c'était plus facile. Evidemment, tu ne les laisses pas mourir alors que tu es dans leur corps. Il ne faut pas non plus t'endormir. Note bien cela. Tu continues à travailler ton homme quand il dort. Si tu te laisses aller à son sommeil, tu lâches prises et c'est fini. On ne te revoit plus. »

Il fait un geste de la main, comme une âme qui monte au ciel. Je lui demande si l'on ne peut pas obtenir un corps pour soi, seul.

« Si, à condition que ton homme veuille bien prendre ton corps à toi. C'est une question d'attitude. S'il cherche lui-même à saisir les sensations que tu aurais dans l'image, il passe dans l'image et toi dans son corps. Mais cela n'a pas trop d'intérêt, tu perds le plaisir de l'observer se débattre. Et puis, il ne faudrait pas être trop nombreux ici. »

Je me dis qu'il a dû m'arriver quelque chose comme cela. En même temps, j'ai rencontré la femme dans un café et pas sur un tableau. Il m'interrompt. Sa voix, dans ma tête, est tellement claire que j'oublie qu'il lit dans mes pensées.

« Ça ne me regarde pas. De toute façon, ce n'est jamais la même chose du point de vue du monde humain. Tu peux te dire que chaque monde a sa logique. »

« L'important, ajoute-t-il doucement et avec sourire, c'est que je viens avec toi. Tu ne peux pas sortir sans moi. Tu vois, il faut capter les sensations du corps que tu veux prendre. Une fois que tu en embrasses la totalité, tu y es installé aussi bien que celui qui y est né. Seulement, comme tu sais, on ne peut pas prendre la place de quelqu'un qu'on regarde. Tu saisis ses sensations, sa respiration, son toucher. Parfois, tu réussis à entendre ce qu'il entend mais tu ne peux pas voir ce qu'il voit. Tu peux donc t'en nourrir mais tu restes dans ton image. C'est ce qui arrive aux portraits qui regardent dehors. Sans moi, d'ailleurs, tu serais toujours dans le géographe. »

Je suis forcé d'acquiescer. L'homme lit mes pensées comme dans un livre. Mon esprit lui est entièrement ouvert. Il n'entend pas seulement ce que je me dis de façon explicite. J'ai l'impression que, en même temps qu'il scrute mon visage, il a posé un œil dans le fond de mon esprit et observe ce qui s'y passe. Sa voix, dans ma tête, ressemble de plus en plus à la mienne. Il parle ma langue, à la différence des figures à côté. Il emploie les mêmes mots que moi. Je ne sais pas comment il peut ainsi imiter ma voix. Il a dû m'écouter tout au long de mon séjour dans l'image. Ou bien il trouve tout cela dans ma tête en ce moment même. Je n'entends pour ma part, dans sa pensée, que ce qu'il veut me dire et aucun bruit parasite. En fait, à mesure que sa voix se confond avec la mienne, je n'entends plus rien et c'est comme si je parlais moi-même. Je suis bien persuadé qu'il réussit à diriger les êtres dont il emprunte les corps. Il lui suffit de parler en eux de leur propre voix, comme il le fait avec moi. Lui continue, sans bouger les lèvres :

« Le secret est donc de réussir à saisir les sensations de ton homme sans le regarder et, si tu veux l'envoyer à ta place, sans qu'il te regarde non plus. Mais il y a des positions pour cela. Tu vois là-bas, cette figure au milieu ? »

Il désigne dans la scène un jeune homme accoudé à la table et qui semble s'endormir, les yeux mi-clos, juste au-dessous de la tête dorée de son double.

« Tu te mets là. J'ai dessiné la scène de façon à ce que les gens me regardent mais s'imaginent à ta place. Tu comprends, on ne peut pas s'identifier à moi, comme ça. »

Il imite le geste de son double, écarquillant encore les yeux qui semblent jaillir hors de sa tête de mort.

« Et, pourtant, je les intrigue. Ils sont attirés par moi. Ils se mettent à ta place, ils se voient près de moi, sous mon aile. Comme ça, tu peux gagner leur corps et, si tu préfères la solitude, tu les en expulses eux-mêmes. Je te fais sortir d'abord et, après, je te suis. Au début, je prends le même corps que toi mais, quand tu auras l'habitude, il te suffira de m'en amener un, un homme ou une femme. Ça m'est égal, du moment que tu le choisis bien, pour le plaisir. »

Je n'ai pas besoin de poser mes questions. L'homme y répond avant même que je les formule, dans ma tête. C'est comme s'il était capable de développer lui-même la suite de mes pensées, dans mon propre esprit et de ma propre voix. La suite ou une suite possible. Il prend seulement un air particulier qui me montre que c'est bien à mes questions qu'il répond.

« Non, je n'ai pas peint moi-même. Il faut avoir un corps d'homme pour cela. J'ai passé un marché avec un peintre, un grand peintre, qui a fait nos portraits dans les positions que je lui indiquais. J'étais dans son corps, je l'ai guidé mais cela reste son œuvre. Et, en échange, je l'ai fait venir ici. On s'est amusé pendant un temps. Ensuite, il a commencé à faire boire les corps qu'il prenait et il s'est laissé endormir dans le monde extérieur. Il s'est perdu. »

Il écoute ma question naître.

« Non, moi, j'ai toujours vécu ici. J'étais là, le premier, avant ces maisons, l'église, les figures. Je ne me souviens pas comment cela a commencé. Je crois qu'il n'y avait que du sable. Je n'y pense plus. Est-ce que le monde des images a la même réalité que le monde humain ? Mais ça ne m'intéresse pas. Il y a les sensations là-bas. C'est tout. »

Il s'arrête à nouveau et reprend sur un ton différent :

« Ecoute, si tu veux retourner dans le monde extérieur, je te fais sortir et on partage un corps. Si tu veux te répéter les mêmes questions que le portrait dont je t'ai tiré, tu es libre. Seulement, je ne sais pas comment tu feras pour te nourrir. Bon. Si tu as besoin de moi, tu sais où me trouver. »

L'homme se lève en disant ses mots et retourne vers son double. Les grognements recommencent. Je sens que je manque de sensations. Il me semble que mon corps, qui avait repris sa forme, est en train de diminuer lentement. Pourtant, je ne peux pas sortir dans le monde extérieur en partageant un corps avec cet être bizarre, un être indigène au monde des images. Bien que nos corps soient vides, ils nous assurent une certaine individualité. Logé avec lui dans un corps étranger, je ne sais pas ce qu'il resterait de moi. L'homme, cet être des images, peut emprunter ma voix. Il parle de ma voix à ma place. Je serais tout bonnement absorbé dans l'esprit de ce fou.

Je me demande même si ce monde qu'il appelle le monde extérieur ressemblerait au monde humain que je connais. Il l'a dit lui-même, ce que nous percevons du monde extérieur dépend de notre point de vue. Je suis sûr qu'il n'a pas le pouvoir de créer des sensations dans nos corps ni des qualités dans les choses. Sans quoi il n'aurait pas besoin de descendre dans le monde extérieur. Les éléments sensibles, nos sensations, les qualités des choses, les couleurs, les textures, sont donnés, il ne peut pas les changer, il doit les chercher dans l'extérieur. Le problème, c'est que les mêmes éléments sensibles peuvent présenter des objets différents dans des mondes qui ne se ressemblent pas.

Au moment où j'écris ces lignes, je travaille à mon bureau, avec une lampe à côté de moi. J'associe ensemble les différentes teintes de marron, c'est la table, je les distingue du blanc du papier, je regroupe aussi le vert de l'abat-jour, le gris métallique et le lisse froid du pied de lampe, c'est un autre objet, je laisse de côté ce léger mal à la tête que je sais être dû au bruit de la rue et m'appartenir en propre. Les choses naturelles, la table, la lampe, ne sont que des unités qui se présentent dans un divers de qualités. En ce sens, les choses naturelles ne sont que certains ensembles de qualités sensibles. Imagine maintenant que je sois contraint d'associer autrement ces éléments sensibles : les marrons de la table, le vert de l'abat-jour et le mal de tête, d'un côté, et, de l'autre, le blanc du papier, le lisse froid du pied de lampe et le bruit de la rue dehors. Les choses que je connais s'effaceraient brusquement et, à leur place, j'aurais devant moi des objets éclatés dans l'espace. Imagine que les lois qui déterminent l'association des éléments sensibles soient bouleversées, y compris celles qui définissent mon propre corps. Celui-ci aussi n'est qu'un ensemble, une unité, de sensations intérieures et de qualités apparentes, le mal de tête, le battement du cœur avec la forme du visage, la couleur de la peau et sa texture. Comme les choses naturelles et avec elles, mon corps se briserait et que resterait-il du monde que je connais ? Rien.

Nous n'avons pas le choix dans ces associations qui constituent les choses du monde. Si je dis que *je* regroupe les éléments sensibles, c'est par commodité de langage. La vérité, c'est que les éléments sensibles se distribuent en différents ensembles, qui constituent les choses naturelles, d'eux-mêmes ou selon des lois que je ne maîtrise pas. Il suffirait que ce personnage, qui me proposait de sortir avec lui dans l'extérieur, ait le pouvoir de modifier ces lois pour que les éléments sensibles présentent de nouveaux objets, où je ne crois pas que je reconnaîtrais les choses naturelles.

Il y a aussi ces caractères, comme désirable ou repoussant, beau ou laid, qui appartiennent bien aux choses mais dépendent de l'individu qui les perçoit et de son humeur. Je suis certain que ce personnage de la taverne peut modifier ces caractères à sa guise et, par là, envelopper les choses d'une atmosphère particulière ou leur donner un attrait qu'elles n'auraient pas d'elles-mêmes. Entraîné avec lui dans l'extérieur, je pourrais donc aussi bien me retrouver dans un monde étranger, qui ressemblerait à un univers abstrait, comme un tableau abstrait, avec des objets éclatés dans l'espace et dans le temps, attirants ou repoussants, pour des raisons que j'ignore. D'autre part et surtout, dans ce monde étranger, il me semble que je me perdrais moi-même. Ce n'est pas que je perdrais mon âme comme on le dit avec une connotation morale. Il me semble que je n'aurais plus aucune existence. Aucune existence dans un corps que j'ai déjà perdu. Aucune existence par ce qui me reste encore, une voix intérieure qui m'est propre mais que l'homme fera sienne. Il utilisera ma voix, parlera à ma place et je ne serai plus rien.

En même temps, je me demande ce qui fait que ma voix intérieure me semble être la mienne et dans quelle mesure je peux en être dépossédé. Quand d'autres voix parlent dans ma tête, comment isoler ce que moi-même je dis et ce que l'on veut me faire dire en imitant ma voix ? Comment puis-je reconnaître ma propre voix ? On pourrait croire que, si je reconnais ce que je dis comme m'appartenant, c'est parce que j'ai d'abord voulu le dire ou que cela vient d'un sujet, un Je, qui déciderait de ce qu'il dit. Pourtant, je dis souvent des choses, tout haut ou dans ma tête, que je n'ai pas voulu dire et que je préfèrerais ne pas avoir dites. Je peux dire quelque chose qui me surprend moi-même de ma voix propre mais sans l'avoir décidé. Ce n'est donc pas dans ma volonté, dans une telle subjectivité que je dois chercher le propre de ma voix. Ce n'est pas non plus dans son contenu de pensée, car, depuis que je vis dans les images, j'ai bien compris que l'on pouvait formuler dans ma tête une proposition, que j'accepte comme vraie et que je reprends à mon compte, d'une voix que je sais n'être pas la mienne. Inversement, je peux formuler une proposition que je suis prêt à rejeter d'une voix que je reconnais comme la mienne. Le propre de ma voix, ce à quoi je la reconnais, ne tient donc pas à son contenu de pensée ni à son rapport à la volonté – il n'y a pas de rapport à la volonté.

Il reste, c'est vrai, les intonations. La voix intérieure n'a pas de timbre, à proprement parler, mais elle garde des intonations, des sonorités proches du chuchotement. Cependant, il me semble que chaque intonation, chaque sonorité dans ma voix intérieure, pourrait se reproduire dans une autre voix ou se laisser imiter. Par conséquent, si le propre de ma voix ne consiste que dans ses intonations, il n'est pas exclu qu'un autre réussisse à les reproduire et puisse parler de ma voix à ma place. Pourtant, je me dis qu'il y a dans la voix intérieure, dans la façon dont elle sonne, quelque chose qui ne peut pas être imité de façon naturelle. La question est de savoir en quoi ce quelque chose consiste si ce n'est pas une intonation, qui, elle, peut toujours être imitée.

Je fais un détour par le monde extérieur pour rendre cela plus clair. Nous sommes, tous les deux, assis sur un banc au jardin public. Il y a devant nous un cube rouge posé sur la pelouse, d'environ un mètre de haut. Nous avons, toi et moi, des images différentes de ce cube. Nous ne sommes pas assis exactement au même endroit et nous ne le voyons donc pas exactement sous le même angle. Tu vois la face supérieure comme un losange et, moi, un peu décalé par rapport à toi, je la vois comme un autre parallélogramme. En même temps, nous connaissons tous deux les lois de la perspective et nous pouvons chacun reconstituer la forme du cube dans l'image qu'en a l'autre. Je suis certain que tu donnes au cube la même couleur que moi ou, du moins, qu'il y a quelque chose de commun dans la couleur que nous prêtons à ce cube. Il est rouge, d'un certain rouge mat. Je dis d'abord d'un rouge-cerise et tu dis d'un rouge-sang mais nous finirons par nous mettre d'accord. Néanmoins, je reconnais qu'il y a aussi quelque chose que je ne peux pas deviner de la couleur du cube dans l'image que tu en as. Il me semble que cela a rapport avec la lumière. A savoir, il y a quelque chose de plus personnel, de plus singulier en fait, dans la façon dont on voit la lumière, dans la façon dont se marque l'éclat du soleil, se disposent les reflets ou se découpent les ombres. Je sais bien que, à côté de moi, tu ne vois pas ces effets de lumière de la même façon que moi, puisqu'il suffit que je vienne à ta place pour qu'ils se modifient. Cependant, contrairement à la forme des choses et même à leurs couleurs, je ne peux pas les reconstituer tels que tu les vois pour me figurer l'image que tu as du monde. Ces effets de lumière ont également une autre fonction : ils marquent, pour ainsi dire, la date des phénomènes. A bien regarder la lumière, avec toi sur ce banc, je sais qu'elle appartient à une fin d'après-midi, en été, un mois de juillet particulièrement chaud. Il n'y a pas de lumière comme cela en hiver. Je suis prêt à soutenir que la couleur des choses reste la même alors que la même lumière ne se reproduit jamais. Si demain nous revenons, nous dirons que le cube est encore rouge mais la lumière aura changé. Disons, pour écarter tes objections, que j'appelle couleur ce qui se reproduit, et lumière ce qui ne se reproduit pas dans le phénomène. La couleur, ainsi définie, est de l'ordre de l'être, elle résiste à l'espace et au temps puisqu'elle est susceptible de se reproduire en d'autres événements, d'autres phénomènes, le cube demain et d'autres choses ailleurs de la même couleur. En revanche, la lumière, si elle est singulière, passe avec l'événement qui la porte. Je dis qu'elle consiste en traces ou en effets, qui ne s'inscrivent pas au registre de l'être. La couleur, en s'incarnant dans un événement, se couvre d'effets lumineux et cela lui donne une singularité. J'évoquais plus haut la singularité de l'aléatoire. Je crois qu'il y a deux principes de singularité, l'aléatoire et la lumière. Les choses et leurs qualités, les couleurs ou les textures, sont des êtres, c'est-à-dire des universaux susceptibles de s'incarner en différents événements dans l'espace et dans le temps. En s'incarnant ainsi, ils prennent une singularité qui ne se comprend pas en termes d'être mais s'exprime dans les effets de l'aléatoire et de la lumière.

Je reviens maintenant à la question initiale, le propre de ma voix. Si mon intonation peut être imitée ou si la même intonation peut se retrouver dans une autre voix, elle appartient au domaine de l'être. Il est possible que ma voix comporte également des effets de singularité qui se mêlent à l'intonation. Mais ces effets, d'où viendraient-ils ? Pas de la lumière en tout cas, la lumière ne touche pas ma voix intérieure. De l'aléatoire ? Peut-être, je ne sais pas.

Admettons qu'il existe dans la voix des effets de singularité. Il y a encore une chose à prendre en compte. C'est que, avec la lumière, le peintre réalise un miracle : il transforme les effets lumineux et les rend universels. Regarde avec moi ce tableau, un paysage de campagne au crépuscule. Pour voir le tableau lui-même, il faut s'abstraire du reflet de la fenêtre sur le vernis et de tous les effets qui viennent du monde extérieur. Mais, si nous y parvenons, nous verrons tous deux la même image, avec la même lumière. La lumière qui vient du monde extérieur est différente pour chacun de nous mais, si nous réussissons à l'écarter, la lumière à l'intérieur du tableau, la lumière qui vient du tableau, est la même pour toi et pour moi. Il y a des effets de lumière dans le tableau mais ceux-ci ne distinguent plus ton image et mon image. Le peintre est parti d'une image qui n'appartenait qu'à lui et en a fait une image qui appartient à tous. La lumière, qui, dans le monde sensible, est un principe de singularité, est devenue universelle : elle est partagée par tous ceux qui regardent le tableau. Maintenant, la question qui importe pour moi est de savoir si ce personnage à qui je parlais dans la taverne, et qui dit guider la main des peintres, peut réaliser une opération analogue avec la voix et la pensée : donner des effets à sa voix qui s'appliquent également à la mienne ou qui me fassent prendre sa voix pour la mienne comme le peintre me fait prendre son image pour la mienne.

Evidemment, je ne fais pas en détail ce raisonnement alors que je suis attablé dans la taverne avec ces figures de peinture repues de sensations étrangères. Mais, confusément, il ne me semble pas impossible que cet être bizarre avec son masque doré puisse contrefaire ma voix intérieure au point que, en l'entendant, je ne sache plus qui parle. Alors, se logeant dans le même corps que moi, il pourrait me tromper absolument : me plonger dans un monde inconnu et, finalement, m'absorber, de telle sorte qu'il ne reste rien de moi.

D'un autre côté, j'ai besoin de me nourrir, et assez vite maintenant. Il me faut donc retrouver un accès au monde humain pour y puiser de nouvelles sensations. Je ne crois pas que la place vide d'où je viens, cet homme de dos dans le portrait de groupe et dont j'ai emprunté le corps, me permette d'atteindre la galerie et d'en sentir les visiteurs. Mon seul espoir est de retrouver l'image du géographe dans laquelle j'étais d'abord logé. Si les images sont reliées entre elles dans ce monde, le géographe doit se trouver quelque part dans l'une de ces maisons. J'essaye d'imaginer à quoi celle-ci pourrait ressembler. Je n'ai pas beaucoup d'indices. Je décide de sortir pour explorer le village tant qu'il est encore temps.

Il me semble que l'air me fait du bien. La présence de ces figures qui se nourrissaient devant moi accentuait, je crois, le manque. J'essaye de ne pas penser à ce que devient un corps de peinture qui n'est pas nourri de sensations. Je revois l'homme de la taverne avec son visage maigre, ce crane énorme, brillant comme de l'or.

Je pourrais chercher le géographe au hasard dans les maisons autour de l'église. Cependant, je remarque les dunes proches du village. Si je grimpais au sommet, je pourrais observer les alentours, voir s'il y a d'autres villages ou trouver un signe à quoi reconnaître la maison du géographe. J'espère qu'il me reste le temps.

Je reprends donc la rue par laquelle nous étions entrés, je longe le village puis je coupe à travers l'étendue de sable pour gagner la dune la plus proche. Le sable est assez dur et je marche facilement. Du reste, la marche ne fatigue pas dans ces corps vides, pas de la même façon que dans les corps humains.

Le désert s'étend à perte de vue et je me demande si je n'ai pas fait une erreur. Du sable, des dunes, pas de couleurs définies, sauf le bleu du ciel. J'ai encore en tête cette phrase de Fromentin sur la couleur du vide. C'est alors qu'il me vient une idée : je suis en ce moment dans mon propre esprit. Cela expliquerait le jeu de mot, avec la référence à un souvenir de lecture tout subjectif. Les lois de ce monde dépendraient entièrement de moi, c'est-à-dire de mes souvenirs, de mes expériences. Ce monde, dans lequel je suis entré derrière les images, ne serait que mon esprit. Cette idée m'étonne d'abord mais, à la réflexion, je n'y vois pas d'absurdité.

Je ne sais pas ce qu'est l'esprit au fond. Mais disons, pour en donner une définition nominale, que l'esprit est ce par quoi et dans quoi l'on pense, ce à quoi appartiennent nos pensées. Bien que j'emploie parfois les deux mots l'un pour l'autre, l'esprit n'est pas dans la tête. Il n'est pas fait de neurones comme le cerveau. L'esprit est fait de pensées, c'est-à-dire de mots, d'images et d'idées associées les uns aux autres et, sans doute, inséparables.

Or la pensée n'est pas rien. Au moins, j'ai toujours été convaincu que la pensée avait une existence et que l'on pouvait parler de phénomènes ou d'événements de pensée comme on parle de phénomènes ou d'événements sensibles. En même temps, je ne crois pas que la pensée soit désincarnée. Elle est portée par les mots que nous disons, par les images que nous formons. Elle a donc une matière. Celle-ci n'a pas besoin d'avoir les propriétés de la matière sensible. Elle n'a pas à être divisible, les mots ne le sont pas. Les phénomènes de pensée, disons les pensées, peuvent donc s'inscrire dans une sorte de monde, avec des lois propres. Ce monde, l'esprit donc, ce serait, je le découvre maintenant, le monde de derrière les images, avec sa matière vide qui ne se divise pas comme la matière sensible. Ce monde de l'image est relatif, il se conforme à la pensée, l'expérience, du spectateur. Cela ne signifie pas qu'il est irréel. Il suffirait que les images puissent ouvrir sur plusieurs mondes ou sur un monde variable qui admette un éventail de possibilités avec des règles différentes pour chaque spectateur.

Il y aurait là, dans ce désert, tout ce que j'ai pensé, ce que je pense et, sans doute, ce que je penserai avec, de loin en loin, des ouvertures sur le monde extérieur, par où je peux saisir des sensations. Dans ce monde, il existe des choses que je contrôle comme ce corps dans lequel je me déplace et des choses que je ne contrôle pas comme cet indigène à qui je parlais dans la taverne. Je ne vois pas pourquoi je devrais contrôler tout ce qui passe dans mon esprit. Mon esprit est habité par des êtres qui y parlent et que je ne peux ni surveiller, ni contrôler. Vraiment, cela ne me semble pas impossible et cette hypothèse, que je suis en ce moment dans mon propre esprit, a même une valeur d'explication.

Néanmoins, en y réfléchissant, je reconnais qu'il reste une équivoque. En fait, il y a deux possibilités. Je suis logé dans un corps vide et me déplace dans mon esprit. J'y rencontre d'autres personnages. Mais qui suis-je ? Ou bien je suis resté moi-même ou bien je me suis métamorphosé pour m'identifier à l'un de ces personnages qui peuplent mon esprit : un petit homme dans l'homme si tu veux. Commençons par là. Première possibilité donc, je me suis endormi, ou je suis mort, et je me suis réincarné dans l'un des indigènes qui ont toujours habité mon esprit. Dans ce cas, le personnage, dans lequel je me suis réincarné, a lui-même un esprit et ce n'est pas l'esprit dans lequel je me trouve, ce désert, mais un monde parallèle et superposé à celui-ci. Ce désert n'est que mon esprit d'avant ma réincarnation et non pas mon esprit présent, l'esprit du personnage que je suis devenu.

Ou bien, deuxième possibilité, j'ai véritablement été transporté dans mon propre esprit. C'est-à-dire que mon esprit, en ce moment où je marche vers la dune et réfléchis à tout cela, c'est ce désert dans lequel je me déplace. Cela n'est pas exclu. Je le répète, l'esprit n'est pas contenu dans mon corps comme mon cerveau. Je ne sais pas où il est, ni de quoi il est fait. Cependant, si l'esprit, mon esprit, a une réalité, s'il y a des phénomènes et un monde de la pensée, je ne vois pas pourquoi je ne pourrais pas m'y trouver maintenant.

Cela dit, la première possibilité me semble être la plus intéressante. En effet, si je me suis réincarné dans l'un des personnages qui peuplaient mon esprit, je possède moi-même, en tant que je suis maintenant ce personnage, un esprit qui n'a pas de raison d'être identique à ce monde-ci. Il y a donc quelque part un désert semblable à celui-ci mais non identique, dans lequel se trouve un autre personnage, où je vais peut-être m'incarner mais qui, pour le moment, est un être différent de moi. Il arpente mon esprit et doit lui-même posséder son esprit, un autre désert avec un autre personnage qui y marche. Et ainsi de suite à l'infini. La série de ces personnages, dont chacun arpente l'esprit de celui qui le précède, doit être infinie. Du moins, si je devais me réincarner successivement dans chacun de ces personnages, je n'en aurais jamais fini avec mes métamorphoses : chaque personnage dans lequel je me logerais possèderait son propre esprit avec un autre personnage qu'il me resterait encore à habiter.

Je me rends compte que cette hypothèse m'éloigne du monde des images que j'ai connu jusqu'à présent. Je ne crois pas que les images soient susceptibles de ce redoublement. L'image d'une image, c'est elle-même, et elle n'a pas à se redoubler dans un être différent d'elle-même. Du moins, ce redoublement, avec cette série de personnages, pose des problèmes qui ne concernent plus vraiment l'être de l'image. En même temps, je me dis que, si je suis dans mon esprit, le simple fait d'introduire une nouvelle hypothèse et, ainsi, de changer les règles devrait modifier ce monde qui m'entoure. Je regarde autour de moi. Rien ne se passe. Sauf que je remarque deux hommes qui descendent de la dune et viennent à ma rencontre.

Ce ne sont pas des figures de peinture. Ils sont vêtus à peu près comme les hommes de mon époque, dans le monde extérieur. Le premier est même frappant par l'élégance de son complet gris dans ce désert. Il avance à grand pas, d'un air désinvolte, admirant l'étendue de sable autour de lui. L'autre, essoufflé, a du mal à le suivre. Ils ont le même âge, une cinquantaine d'années. Mais le second est gêné par un certain embonpoint que cache mal sa redingote marron, un peu usée. C'est lui qui s'adresse d'abord à moi :

« C'est bien — s'écrie-t-il encore loin. Vous avez prouvé l'existence de l'infini. Cette série de personnages, que vous imaginiez, est infinie. Donc l'infini dans votre esprit, sinon dans le monde extérieur. »

Il s'est approché. Après avoir repris son souffle, il continue :

« Il vous manque seulement une étape. Oui, il vous faut encore vous assurer que le premier homme, celui dont ce désert est l'esprit, ne se trouve pas lui-même dans l'esprit d'un autre. Sans quoi la série pourrait faire une boucle, vous voyez. Vous avez raison, vous êtes, nous sommes en fait, dans un désert spirituel, l'esprit de quelqu'un. C'était même votre esprit avant que vous ne vous quittiez. Vous étiez un homme, que nous appellerons A, et vous êtes maintenant un personnage dans l'esprit de A et que nous appellerons B. Vous possédez vous-même un esprit avec un personnage dans lequel vous pourrez ensuite vous réincarner. Ce personnage, dans votre esprit de B, nous pourrions l'appeler C, mais nous ne sommes pas sûrs que ce n'est pas A lui-même. Vous comprenez ? La boucle peut se fermer un peu plus loin, cela ne change rien. Il vous faut démontrer que, en suivant cette série de personnages, dont chacun se trouve dans l'esprit de celui qui le précède, vous ne retomberez jamais sur A. Pour cela, le plus simple est d'établir que A n'est pas un personnage dans l'esprit d'un autre mais véritablement un homme dans le monde extérieur. Autrement dit, il vous reste à établir qu'il y a un monde extérieur, qui n'est pas un esprit, qui n'est pas l'esprit de quelqu'un. Je suppose, évidemment, que des êtres différents n'ont jamais le même esprit. »

C'est un peu compliqué. En même temps, je saisis l'idée. J'ai fait l'hypothèse que, à la suite de différentes mésaventures, je me suis réincarné dans l'un des personnages qui habitaient mon esprit. Je possède moi-même un esprit, avec un personnage qui, en ce moment, y marche et qui a lui-même son esprit, et ainsi de suite. Maintenant, ce bonhomme dans mon esprit, ce pourrait être moi-même en tant qu'homme, ce moi-même que j'ai abandonné et dans l'esprit duquel je me trouve en ce moment. Il croirait être un homme dans le monde, il ne serait qu'une figure dans mon esprit. Je me trouverais dans son esprit comme il se trouve dans le mien et, en me réincarnant dans ce personnage, qui, sans le savoir, arpente mon esprit, je ne ferais que revenir à mon point de départ et me réveiller en tant qu'homme dans le monde. J'aurais seulement fait une découverte, c'est que la vie d'homme n'est qu'une promenade dans l'esprit de quelqu'un d'autre et de quelqu'un qu'on loge soi-même dans son esprit. Evidemment, cela est exclu si je peux établir qu'il y a un être, à l'origine de cette série de personnages, chacun marchant dans l'esprit de celui qui le précède, un être qui ne vit pas lui-même dans l'esprit d'un autre mais qui est véritablement un homme dans le monde extérieur. Mais il est clair que le monde, dans lequel je vivais ou, disons, dans lequel vivait A, n'est pas un esprit, puisqu'il s'y trouve des sensations et que les corps y sont pleins, alors que les corps, dans nos esprits, sont vides, et cherchent des sensations dans l'extérieur. Par conséquent, au départ, j'étais bien un homme dans le monde, je suis passé dans mon esprit et me suis logé dans un personnage, qui a lui-même son esprit avec un autre personnage, dans lequel je m'apprête peut-être à passer, et ainsi de suite. Des êtres différents n'ont jamais le même esprit ni les mêmes personnages dedans, cela va de soi. Donc la série est infinie. L'infini existe.

L'homme au complet gris est resté silencieux. Je suis à peine arrivé à cette conclusion, l'infini existe, qu'il prend la parole.

« Vous savez bien, dit-il à l'autre qui baisse les yeux, que ce raisonnement ne tient pas. »

Il se tourne ensuite vers moi :

« Cette série de personnages, c'est bien joli mais, pour établir qu'elle est infinie, il vous faudrait les compter. Or vous ne pouvez pas. C'est un peu difficile à expliquer. Au fond, ces personnages ne sont pas de même type. Si vous voulez, le problème vient de ce que ces personnages n'appartiennent pas au même esprit. Vous l'avez dit vous-même, chacun appartient à l'esprit de celui qui le précède. Vous vous demandez pourquoi on ne pourrait pas les rassembler provisoirement, les aligner dans un esprit donné, ici par exemple dans ce désert, pour les compter ? Eh bien, on ne peut pas mettre n'importe quoi ensemble dans le même esprit. Je vous donne un exemple, un peu tordu mais c'est vous qui m'y poussez. Vous demandiez, avant que nous arrivions, si vous pouviez vous trouver vous-même dans votre propre esprit. Vous n'aviez pas vu de contra-diction, il faudrait en parler plus longuement. De toute façon, vous avez préféré adopter une autre hypothèse, que vous vous étiez réincarné dans un autre personnage, un personnage de votre esprit. Celui-ci, ce personnage que vous êtes devenu, possède lui-même son esprit où vivent peut-être d'autres bonshommes, mais vous-même, vous n'y êtes pas, vous ne figurez pas dans l'esprit de ce personnage que vous êtes devenu. Bon. Imaginez que nous voulions rassembler dans un esprit donné, ici par exemple, tous les personnages qui ne se trouvent pas dans leur esprit, et eux seuls. Vous y seriez vous-même, compte tenu de l'hypothèse que vous avez choisie ? » J'acquiesce d'un hochement de tête sans l'interrompre.

« Maintenant, supposez donc ces personnages alignés les uns après les autres dans un désert comme celui-ci, un esprit. Cet esprit, dans lequel nous les avons transportés, est celui de quelqu'un. Ce quelqu'un se trouve-t-il lui-même dans son propre esprit, parmi ces personnages alignés ? Si vous réfléchissez un instant, vous vous apercevrez que ce quelqu'un ne peut ni se trouver dans son esprit, ni ne pas s'y trouver. C'est qu'il est contradictoire de rassembler ces personnages dans le même esprit. Il y a des choses que l'on ne peut pas poser ensemble dans le même esprit. Il en est de même de la série que vous imaginiez, chacun se trouvant dans l'esprit de celui qui le précède. Vous ne pouvez pas les rassembler dans votre esprit, vous ne pouvez donc pas les compter et, même s'ils sont en nombre infini, vous ne pouvez pas vous en rendre compte.

« La conséquence de cela, c'est que vous ne pouvez pas prouver l'existence de l'infini ni en votre esprit, ni ailleurs. Vous pouvez admettre l'existence de l'infini, si vous en avez besoin, mais non pas la démontrer. »

L'homme parle avec autorité et je vois bien que l'autre, la redingote marron, s'avoue vaincu. Pourtant, peut-être, le fait de ne pas pouvoir se construire de la sorte un infini dans l'esprit, avec une série de personnages imbriqués les uns dans les autres, chacun se trouvant dans l'esprit du précédent, prouve-t-il l'existence de l'infini dans la réalité extérieure. Si l'on a l'idée de l'infini mais que l'on ne peut pas construire l'infini en soi-même, est-ce que cela ne prouve pas que l'infini existe hors de l'esprit ?

L'homme reprend en soupirant :

« Ce n'est pas le genre de preuve que nous cherchons. Admettons l'existence de l'infini, la question est de savoir ce que nous pouvons en dire. Vous voulez que je vous montre ? »

Il sort un livre de la poche de sa veste, cherche la page, puis me le tend ouvert. Je regarde. Je m'attendais à voir une page couverte de symboles logiques avec des axiomes, des démonstrations. En fait, c'est un poème, un poème de Borges qui décrit le suicide d'un homme devant son miroir. Je sais que Borges a sa théorie sur les miroirs. Les miroirs, dit-il, ne reflètent pas seulement celui qui s'y regarde, ils le reproduisent. J'attends quand même une explication. Je relève la tête …

Je suis devant un grand miroir, en pied, qui couvre presque toute la hauteur du mur. Je tiens toujours à la main ce livre que l'homme m'a donné sur la dune, il y a un instant. Je suis maintenant habillé comme lui, un costume gris, une chemise blanche. Je ne comprends pas ce qui s'est passé, je remarque mon air inquiet dans le miroir. A ce moment là, l'image me sourit et s'avance vers moi, la main tendue. Je ne sais pas quoi faire mais je finis par marcher à sa rencontre tendant moi-même la main et en souriant de la même façon. Ce double me prend alors la main et m'attire à lui. Je passe à travers la surface du miroir qui est souple comme une eau immobile. Je me reconnais parfaitement dans cet autre qui me prend dans ses bras pour m'embrasser :

« Bienvenu parmi nous. »

Quelque chose dans l'air a changé quand j'ai traversé le miroir et je suis étourdi. La pièce tourne autour de moi. Je dois m'appuyer sur mon double. Je sens dans ma poitrine une sorte de ronflement, un bruit, une vibration, qui va croissant puis se stabilise. Il y a aussi des picotements, presque des fourmillements, qui se déplacent à l'intérieur de mon corps, dans mes bras, au bout des doigts. C'est assez désagréable mais cela ne dure qu'un instant, comme ce vertige. Je m'aperçois que plusieurs personnes dans la pièce nous regardent, immobiles, dans le même costume. Je m'écarte de mon double, qui s'approche d'un homme aux cheveux grisonnants, un visage étroit, sérieux et qui porte un air d'autorité. Mon double s'adresse à lui avec les gestes que j'aurais dans la même situation :

« Ma tâche est terminée, je crois. »

L'homme ne répond rien mais hoche la tête, et ils se serrent la main longuement. Un peu en retrait, se tiennent deux hommes plus jeunes et cette même femme, ma compagne de l'image. Elle me sourit quand elle s'aperçoit que je la regarde mais elle ne semble pas me reconnaître.

Je reste planté devant le miroir pendant que mon double salue tour à tour les trois autres. Nous sommes dans une grande pièce, octogonale il me semble. Je ne vois pas bien le fond de la salle à cause de l'escalier en spirale qui en occupe le centre. Les murs sont couverts de livres, avec des portes qui ouvrent tantôt sur d'autres salles, tantôt sur des puits de jour. Ceux-ci sont barrés par des grilles de fer. La lumière vient uniquement des puits de jour, il n'y a pas de lampes. Un cliquetis a commencé à l'intérieur de mon ventre, régulier comme le balancier d'une horloge. Je le sens de l'intérieur mais il me semble aussi que j'entends parfois une sorte de tic-tac, assez lent.

Mon double revient près de moi et me dit, en montrant l'homme aux cheveux grisonnants, que l'on me donnera mes instructions.

« Bonne chance », ajoute-t-il.

Il désigne l'une des grilles. L'homme qui, manifestement, est notre chef vient lui ouvrir avec une clé qu'il a tirée de la poche intérieure de son veston. Il reste là tenant la grille ouverte. Mon double s'approche, hésite puis se lance dans le vide. Nous l'entendons crier.

Nous suivons son cri qui décroît peu à peu sans s'interrompre.

Quand le silence est à peu près revenu, notre chef referme la grille, remet la clé dans sa poche.

« Allez, dit-il aux autres, au travail et vous – en se tournant vers moi – vous me suivez. »

Il prend le livre que j'ai gardé à la main et m'entraîne dans la cellule voisine. Celle-ci semble identique à la précédente. Nous nous asseyons par terre, il n'y a ni bureau, ni chaise, aucun objet superflu. L'homme reste silencieux. J'entends les autres dans la pièce à côté, aucune parole mais des pas qui s'éloignent – je pense que ce sont ceux de la femme –, quelqu'un qui soupire et prend un livre sur une étagère, le craquement des pages que l'on détache dans un livre neuf. Ce bruit revient régulièrement, ils lisent. L'homme, en face de moi, a gardé les yeux baissés.

« Vous savez – il parle d'une voix claire qui me surprend dans le silence de ces salles et qui tranche avec sa lassitude apparente – ce n'est pas mourir. Nous pensons que la bibliothèque est infinie. Au moins, l'espace autour de nous est infini. On tombe donc. On sait enfin ce qu'il y a là-dessous – il frappe de sa paume ouverte le plancher. Et on retrouve peut-être d'autres condamnés. »

« Nous passerons tous par là. Seulement, notre devoir est de reculer ce moment. »

Il me regarde enfin.

« Evidemment, vous le remplacerez. Pour le moment, vous êtes affecté au département de mathématiques et de logique. Vous recevrez sans doute une nouvelle affectation sous peu. Il semble que votre type s'accommode mal de ce travail de lecture. D'ici là, votre tâche, notre tâche, est de parcourir les livres, entreposés ici, et de rapporter au Bureau tout élément susceptible d'améliorer notre compréhension de la bibliothèque. Vous avez reçu une formation en mathématiques ? »

Je ne comprends pas ce qu'il veut dire. Je ne réponds rien. Mais il me pose plusieurs questions, assez techniques, de logique. Elles concernent précisément les travaux du logicien dont, dans mon existence humaine, j'avais entrepris d'écrire la biographie. Plusieurs fois, nous devons nous interrompre car la salle est secouée par des bruits sourds, comme des travaux qui auraient lieu à un autre étage. Je n'ose pas interroger l'homme sur leur provenance. Lui continue cet examen auquel il me soumet, des exercices de logique. Je sens toujours ces cliquetis, ce tic-tac, au niveau de mon estomac, qui me rendent un peu nauséeux. Je finis par m'embrouiller.

« Vous avez des lacunes mais je suppose que vos connaissances suffisent pour commencer. Vous en apprendrez plus lors de nos réunions avec le Bureau. Je ne suis pas habilité à vous donner d'autres informations. Néanmoins, connaissant votre prédécesseur, je veux vous prévenir d'une chose. Vous devez posséder ce que nous appelons des pseudo-souvenirs, c'est-à-dire un stock de données qui vous apparaissent comme des souvenirs d'une existence antérieure dans le monde humain. Nous pensons que ces souvenirs, de même que notre apparence humaine, anthropomorphique, ont une fonction pour notre travail dans cette bibliothèque. Mais ils n'ont aucune réalité. Vous n'avez jamais vécu dans le monde humain. Vous venez de naître parmi nous. Ces souvenirs ne sont qu'une somme de données, qui vous serviront dans votre travail, comme votre formation en mathématiques. Vous ne devez pas divulguer le contenu de ces souvenirs. Toute allusion est punie de la seule condamnation que nous connaissions. »

Il fait un geste vers l'un des puits de jours.

« Nous allons nous rendre à une réunion avec le Bureau tout à l'heure. C'est le Bureau qui prendra la responsabilité de votre instruction. Je ne crois pas que vous resterez ici. Vraisemblablement, vous serez envoyé en expédition. Je sais qu'il s'en prépare plusieurs et je pense que cette vie, en expédition, vous conviendra mieux. Méfiez-vous, en tout cas, de vos pseudo-souvenirs. Ils risquent de vous amener à des conceptions absurdes. Votre type est instable. »

Cette première réunion avec le Bureau n'est pas différente de celles qui suivront. Nous avons rendez-vous dans une cellule éloignée avec trois autres sections et un délégué du Bureau. Nous marchons un quart d'heure ou vingt minutes, il me semble, à travers des cellules identiques, désertes. Nous arrivons les derniers. Les autres sections sont déjà là. Chacune est composée de quatre hommes. Nous travaillons tous dans une même région, et c'est pourquoi ces réunions sont communes. Ma compagne de l'image, que j'espérais revoir, n'y assiste pas. Je n'apprendrai que plus tard sa fonction précise mais je comprends qu'elle se déplace, comme le délégué, de sections en sections. Le délégué est un homme sec, pressé et désagréable. Il ne m'adressera la parole qu'une seule fois pour m'annoncer, en effet, mon affection dans une mission d'exploration. Cela n'aura lieu que quelques temps après mon arrivée dans la bibliothèque. Les réunions se déroulent toujours de la même façon. Les chefs de section font chacun à leur tour un rapport de nos lectures, puis le délégué expose un point de doctrine et nous en discutons. Les agents me semblent rester très prudents dans cette discussion, personne ne pose de questions franches.

Après l'annonce de ma nouvelle affectation et, je crois, pour me préparer à cette expédition, le délégué évoquera les hypothèses autour desquelles s'articule la conception de la bibliothèque que défend le Bureau. Cependant, ses exposés, les premiers temps, m'apportent peu, ils traitent surtout des problèmes techniques, logiques, que nous sommes susceptibles de rencontrer dans les cellules que nous étudions en ce moment. Par ailleurs, je parle peu avec les autres agents de la section, qui sont presque muets en dehors de ces réunions.

Il faut dire aussi que personne ne sait rien de certain concernant l'origine, l'histoire de la bibliothèque, si celle-ci a une histoire, et la place que nous y occupons. Il n'a jamais pu exister que des traditions orales dans la bibliothèque. Nous ne disposons pas de quoi écrire, pas de crayon et pas d'autre papier que celui des livres. Evidemment, il est interdit de détériorer ces livres, sauf pour en corner une page dans certaines circonstances. Nous n'avons donc aucun document concernant les premiers agents, et s'il existait des légendes sur notre origine, le Bureau, qui décrète les condamnations et organise le remplacement des agents, a réussi à les éliminer et ne diffuse maintenant que son dogme. Le délégué cherche même plutôt à éluder toute question générale sur l'origine de la bibliothèque, c'est de la métaphysique, nous dit-il, et il ramène la discussion à ces problèmes logiques. Je ne sais pas quels sont les agents qui composent ce Bureau, ni où se trouve le Bureau. Je ne sais pas non plus comment le Bureau a gagné son autorité sur la bibliothèque.

Je ne veux pas donner l'impression que le Bureau exerce une sorte de dictature. Il est possible que les agents acceptent, et ne subissent pas seulement, l'autorité du Bureau. Devant l'immensité de la tâche qui nous est dévolue, une division du travail semble s'imposer, qui aboutit forcément à ce que certains agents se consacrent exclusivement à des recherches bibliographiques, tandis que d'autres coordonnent les résultats et les résument dans une doctrine uniforme. Du reste, la rudesse du délégué ne vient pas forcément de l'autorité de sa fonction mais peut-être de l'envie que lui inspire un travail qu'il ne peut plus faire, et de l'ennui de passer son temps ainsi, de réunion en réunion. Il ne faut pas croire que ces recherches bibliographiques, la lecture ordonnée des livres de la bibliothèque, soit une tâche plus servile ou moins attrayante que celle du délégué. Il y a un plaisir particulier à parcourir ces livres à la recherche de quelque chose qui nous éclairerait, un plaisir qui, je crois, est comparable à celui du jeu, des jeux de cartes ou des jeux de casino. C'est un processus répétitif, reprendre un livre comme reprendre une carte, où, à chaque instant, peut se passer quelque chose qui changerait le cours du jeu. On attend quelque chose qui peut toujours se trouver à la page suivante comme l'atout dans la prochaine carte ou la fortune au prochain tour de la bille sur le plateau. Il est impossible d'arrêter ce jeu dès que l'on s'est convaincu qu'il y a dans ces livres une clé à découvrir, quelque chose qui permettrait de comprendre, comprendre notre origine ou comprendre comment quitter la bibliothèque pour regagner le monde de nos pseudo-souvenirs. Les agents, des sections de lecture, ont donc pu choisir eux-mêmes cette position et, maintenant, ne plus vouloir la quitter. Peut-être aussi leurs pseudo-souvenirs les prédisposent-ils à ce travail et ils se souviennent d'avoir entrevu quelque vérité, quelque secret qu'ils ont maintenant oublié mais qui figurait dans un livre, dans une cellule proche de la nôtre.

Il est vrai que ma propre expérience ne m'engage pas à ce travail. Je crois à la réalité de la bibliothèque, parce qu'on ne peut que croire à la réalité du monde dans lequel on vit. En revanche, je ne peux pas me laisser convaincre que j'appartiens à la bibliothèque et que mon existence humaine n'est qu'un pseudo-souvenir, une expérience dont la mémoire m'a été donnée mais que je n'ai pas vécue. Je me demande même comment les agents peuvent ainsi accepter l'irréalité de leurs souvenirs. Sans doute personne ne l'accepte et chacun cherche à sortir de la bibliothèque, dans les livres, au Bureau ou dans une expédition. Je ne sais pas pourquoi je suis si heureux à la perspective de partir en expédition. J'ignore les dangers de ces explorations, j'y vois seulement, sans pouvoir dire pourquoi, une chance de quitter la bibliothèque. Je me fais discret pour éviter une condamnation avant mon départ, bien que, finalement, ce saut infini dans le puits soit aussi une façon de quitter la bibliothèque. Je suppose que cela prouve que mes pseudo-souvenirs correspondent à la fonction que l'on m'a choisie. Finalement, c'est en marchant dans les dunes, au hasard d'une rencontre improbable, que j'ai réussi à sortir du monde des images.

Je l'ai dit, les agents de la section parlent peu en dehors des réunions, tout occupés qu'ils sont à la lecture de leurs livres. Il me faut donc du temps pour me faire une idée de la bibliothèque, et elle est d'abord très vague.

Bien sûr, il est facile de deviner la conviction commune des agents et du Bureau : la bibliothèque contient tout ce qui peut être dit de vrai concernant le monde humain, le monde de nos souvenirs, et notre tâche est de contempler ce vrai. Le vrai, s'il est écrit, doit pouvoir être lu et c'est pourquoi nous existons dans cette bibliothèque. La bibliothèque est composée de cellules identiques, des salles octogonales tapissées de livres, éclairées par des puits de jour et reliées entre elles par ces ouvertures dans les murs et ces escaliers en spirale. On ne sait pas si la bibliothèque est finie ou infinie. Si elle est finie, on ne sait pas ce qu'il y a autour. On conjecture. Ce dont on est certain, c'est que la bibliothèque, avec ces registres du vrai, ne pouvait pas être morte, ses cellules vides, il fallait que s'y trouvent des êtres intelligents qui l'interrogent. Néanmoins, par rapport à notre petit nombre, la bibliothèque, même finie, est immense. Des expéditions ont été lancées, marchant en ligne droite à travers des cellules désertes, identiques les unes aux autres. Celles qui sont revenues n'ont rien rapporté qui puisse indiquer que la bibliothèque a une fin. Dans ce stock de livres, notre travail, nos lectures semblent dérisoires mais il n'est pas exclu que, à la fin des temps, au bout d'un temps infini, la société des agents ait lu chacun des livres et compris l'architecture de la bibliothèque, son origine, sa raison d'être.

Seule une portion infime de la bibliothèque, en se limitant même aux régions qu'ont repérées ces expéditions, a réellement été étudiée. J'apprends que l'on distingue actuellement trois départements : Mathématiques et logique à l'étage où je travaille, Sciences appliquées, c'est-à-dire physique et biologie du monde humain, logé dans les étages immédiatement sous le nôtre, et Sciences humaines. Ce dernier département est séparé des deux autres par plusieurs étages dont les livres nous restent incompréhensibles. Il n'a été découvert qu'assez récemment, par hasard lors d'une expédition, qui s'était perdue. En expédition, les agents lisent, pour se repérer, les livres qu'ils rencontrent et, en se fiant à leur contenu, tentent de trouver des indices qui pourraient les ramener vers des régions connues. Ils cornent aussi les pages de certains livres dans les cellules qu'ils traversent mais tant d'expéditions ont déjà été menées que le fait de trouver une page cornée indique seulement que quelqu'un est déjà passé là. Les expéditions, qui ne sont pas tenues de marcher en ligne droite, se perdent donc souvent dans ce labyrinthe de cellules identiques. Mais, cette fois-là, l'agent, en prenant un livre au hasard dans la cellule où il se trouvait, eut la surprise de découvrir un chapitre de l'histoire du monde humain qu'il comprenait et qui se rapportait même à ses pseudo-souvenirs. Par chance, l'expédition réussit à retrouver son chemin et, immédiatement, le Bureau engagea l'étude de ce qui apparaissait comme un nouveau continent. Plusieurs sections allèrent ainsi coloniser les sciences humaines.

Cette découverte permit aussi de fixer définitivement la fonction de nos pseudo-souvenirs. Il devint clair qu'une expérience du monde humain est nécessaire à la compréhension des livres qui nous ont été confiés, les livres d'histoire en particulier. Seuls nos pseudo-souvenirs nous permettent d'en saisir le sens. Je dois dire avant tout que les livres de la bibliothèque, et j'en suis stupéfait quand je m'en aperçois, sont rédigés en français. Bien sûr, il y a des signes mathématiques et logiques, des formules, des démonstrations. Mais la seule langue, la langue naturelle utilisée dans la bibliothèque, dans les livres et par les agents, est le français. J'y vois d'abord une coïncidence curieuse, et il entre peut-être malgré moi dans ma surprise une pointe de fierté, que le vrai se dise dans ma langue. Le chef de section m'explique immédiatement combien ma surprise, et mon absurde fierté, sont déplacées. Evidemment, il faut bien que les agents parlent entre eux, il faut bien que les livres, les livres d'histoire, soient rédigés dans une certaine langue et, sans doute, dans la langue même que parlent les agents. Or il est parfaitement normal que cette langue de la bibliothèque soit ma langue maternelle. C'est que j'ai toujours été destiné à la bibliothèque. Mon existence humaine, ce pseudo-passé que je me prête, est entièrement déterminé par la tâche qui m'attendait. Je n'ai pas appris le français, au sens où l'entend dans le monde humain, une langue parmi d'autres, j'ai appris dans un passé imaginaire la langue de la bibliothèque. Mes pseudo-souvenirs, me rappelle notre chef, n'ont pas de réalité, ils ne font que me préparer à ma fonction dans la bibliothèque. C'est à partir de la bibliothèque, et de la fonction que j'y occupe, que je dois les interpréter.

Nous savons, par nos pseudo-souvenirs et par certains livres, qu'il existe dans le monde humain d'autres langues, une infinité peut-être, en tenant compte des langues à venir. J'ai entendu dire que certains agents, dans le département des sciences humaines, apprennent les langues les plus bizarres et jouent à se parler dans des idiomes du futur, c'est-à-dire postérieurs à l'époque de nos pseudo-souvenirs. Nous sommes donc bien conscients qu'il est contingent que la bibliothèque soit francophone. N'importe quelle langue humaine aurait fait l'affaire. Il aurait suffit que cette langue nous soit donnée dans nos pseudo-souvenirs, que nous l'ayons apprise dans cette existence humaine que nous nous prêtons. C'est là une condi- tion sine qua non au bon fonctionnement de la bibliothèque. Imagine en effet que les livres soient écrits, disons, en anglais et que les agents ne parlent que le français, personne ne connaissant l'anglais. Nous aurions peut-être deviné quelque chose des livres de logique mais nous n'aurions pas réussi à traduire les livres d'histoire. Nous aurions peut-être distingué les verbes, les noms, les adjectifs mais nous n'aurions sans doute jamais découvert la signification des mots : « green » voulant dire « vert » et non pas « rouge » ou « lisse ». Les livres de la bibliothèque nous seraient donc restés opaques. Par ailleurs, en laissant de côté cette question de la traduction, il y a des mots dont on ne peut saisir le sens qu'après une véritable expérience du monde humain. Le premier exemple qui me vient, c'est le verbe « manger ». Nous ne mangeons pas, au sens humain, dans la bibliothèque. Notre métabolisme est tel que nous n'avons pas besoin de ces nourritures. Sans souvenir d'une vie humaine, « manger » resterait donc pour nous un rite mystérieux.

Les livres, dans le département des sciences humaines, requièrent donc une expérience du monde humain. On se demande si celle-ci est également nécessaire aux livres de mathématiques. Il n'est pas impossible que les mathématiques supposent une certaine morphologie, avoir des doigts pour compter, et une certaine expérience. Sans elles, les agents de la bibliothèque n'eussent peut-être pas même connu les mathématiques.

Ces questions, possibilité d'une traduction, dépendance des mathématiques à la morphologie humaine, font partie des points que le délégué expose parfois et qui restent l'objet de discussions au sein du Bureau. Je dois dire que je n'arrive pas à m'y intéresser, j'attends plutôt mon départ. Je suis sûr qu'il y a encore dans cette bibliothèque d'autres continents à découvrir et, si je dois y rester ou pour le temps que j'y reste, je préfère me lancer dans ces explorations. Ce n'est pas que j'espère tomber dans une cellule éloignée sur une porte magique qui ouvrirait directement sur le monde humain. J'ai l'impression, néanmoins, sans pourvoir dire pourquoi, que c'est au cours de cette expédition que je trouverai le moyen de regagner le monde humain. Je me dis qu'il doit y avoir quelque part quelque chose qui me permettra de sortir. Au fond, c'est le même réflexe que celui des agents qui cherchent dans les livres, avec cette différence que je préfère marcher.

J'ai donc hâte de partir vers ces étages inconnus, je les rêve vierges de toutes ces traces que nous laissons, aucune page cornée. Je me demande aussi ce qu'il y a au-dessus du département de mathématiques et de logique. On ne nous en parle jamais. Autre question, que j'ai entendu une fois un agent évoquer, est-on sûr que la bibliothèque n'est pas habitée par d'autres hommes qui vivraient dans des régions éloignées et que nous ne connaîtrions pas ? Il semble qu'aucune expédition n'ait jamais rencontré de tels étrangers, qui ne soient pas issus de la même société que nous. Bien sûr, cela ne prouve pas qu'il n'en existe pas. Il n'y a pas de raison que nous soyons les seuls à habiter cette bibliothèque immense.

Notre société, celle dans laquelle je suis entré et qui est dirigée par cet insaisissable Bureau, semble s'être formée dans la région des mathématiques et de la logique. Mais, je l'ai dit, nous ne connaissons rien de notre origine. Si nous comprenons bien comment ils se sont reproduits, nous ne savons pas comment les premiers agents sont apparus et d'où ils venaient. Tu le sais, nous nous reproduisons par réflexion dans les miroirs. Il faut, pour que cela fonctionne, lire un certain livre, ce même livre que l'homme m'a prêté dans les dunes. Il se forme alors dans le miroir un nouvel individu, identique à l'autre. Le Bureau exige que celui-ci, l'aîné en quelque sorte, se jette dans le puits, de façon à ce que ne cohabitent jamais dans la bibliothèque deux individus identiques et que l'on ne pourrait pas distinguer l'un de l'autre. Néanmoins, il arrive que, pour des raisons inconnues, sorte du miroir un individu légèrement différent de sa source. Ce nouvel individu est alors examiné par le Bureau et, s'il est viable, affecté à une nouvelle fonction. Il sera lui-même dupliqué par la suite, devenant ainsi la racine d'un nouveau type. Exceptionnellement, l'agent dont il est issu peut se reproduire à nouveau, de façon à ce que son type ne s'éteigne pas. Le Bureau, en règle générale, veut éviter qu'un type disparaisse, pensant que toute particularité pourra se révéler nécessaire dans l'exploration de la bibliothèque.

Avec l'apport de nouveaux individus, notre société se développe donc lentement. Mais, dans l'immensité de la bibliothèque, notre nombre, que je ne connais pas du reste, est insignifiant. Les sections de lecteurs sont de petites colonies travaillant au milieu de cellules désertes. Et la région, ainsi peuplée, reste infime dans l'étendue de la bibliothèque. Pourtant, la solitude des agents a peut-être été bien plus grande. Il est possible, en effet, que nous soyons tous issus d'un même individu, un individu qui se serait réveillé seul dans cette bibliothèque et à partir duquel les erreurs, les variations dans la reproduction par réflexion, se seraient accumulées et auraient formé ces différents types que l'on rencontre aujourd'hui. Ce premier agent est peut-être un mythe mais ces variations existent. On ne sait pas si elles sont aléatoires, si elles dépendent d'une loi ou sont décidées par une volonté arbitraire.

La reproduction est l'un des seuls sujets dont les agents soient prêts à parler, et l'on devine combien elle les inquiète. Il circule à ce propos bien des rumeurs. J'entends souvent la même histoire, avec quelques variantes : un agent, étant condamné, pour une faute ou parce qu'il avait atteint le terme normal de son existence, aurait essayé de se faire passer pour son double, qui sortait du miroir, et de jeter celui-ci à sa place dans le puits. Personne n'y croit. Les condamnations ne sont prononcées que lorsque les agents sont prêts à les accepter. Mais peu importe. Quelqu'un prétend aussi que le Bureau n'est composé que d'un seul individu reproduit à l'identique. Cela expliquerait qu'ils réussissent à se mettre d'accord sur des questions insolubles. Tout le monde rit. Le chef laisse faire.

Enfin, c'est au détour d'une telle conversation que j'apprends la fonction qu'occupe dans la bibliothèque ma compagne de l'image. Elle est précisément chargée de surveiller la reproduction. Elle doit être présente à chaque fois qu'un agent se réplique dans le miroir. C'est pourquoi on ne la voit que rarement. Elle parcourt la bibliothèque, ou une région de la bibliothèque, de sections en sections, pour aller partout où un agent doit se reproduire. Elle vérifie aussi la viabilité des nouveaux individus, lorsqu'il y a une variation de la réflexion. Cette tâche est capitale, puisqu'elle détermine les types d'individus qui travailleront dans la bibliothèque. Mais — continue mon collègue — elle a toute une série de charges annexes : « Tu la verras d'ailleurs bientôt ». Elle doit, en effet, confirmer après un entretien avec l'agent les affectations, comme les condamnations, décidées par le Bureau. Cela me réjouit d'abord. En même temps, je réalise qu'elle peut reculer, refuser même mon départ. Elle a le pouvoir d'annuler une affectation, d'introduire un nouveau type ou de l'écarter. Elle décide de qui est là et pour combien de temps. Elle pourrait aussi bien nous tenir prisonniers ici.

Les agents la considèrent avec un respect bizarre, mêlé peut-être de tendresse, un sentiment en tout cas qu'ils n'ont pas pour le délégué du Bureau. Je me demande qui, quel type d'agent, peut occuper sa fonction dans d'autres départements. Il est certain qu'un seul individu ne peut pas parcourir toute la région peuplée de la bibliothèque, pour assister à chaque reproduction. Je me dis que cette rumeur sur le Bureau a peut-être un fondement. Un instant, je vois ma compagne de l'image, qui hante la bibliothèque, en de multiples exemplaires. Il s'en trouve même dans les régions inhabitées qui attendent les expéditions. Mais je réfléchis qu'il est impossible que le Bureau lui ait accordé ce privilège, d'une existence démultipliée. A moins qu'elle ne dépende pas de lui bien sûr, c'est-à-dire qu'elle ne soit pas elle-même un agent soumis aux mêmes règles. Ici, mon esprit s'embrouille. Je me rends compte peu à peu que je ne peux pas penser à autre chose qu'à la bibliothèque, sans qu'une sorte de fatigue me vienne. C'est aussi le soir. Les agents avec qui je parlais se dispersent vers les grilles qui barrent les puits de jour.

La reproduction est rendue nécessaire par l'usure des agents. On ne vieillit pas à proprement parler. On ne prend pas de ride, on ne perd pas ses cheveux mais on se fatigue, on s'use et il semble que l'on demande soi-même à être remplacé. Bien sûr, il faut sauter dans le puits mais le travail, dans la bibliothèque, me semble si monotone que je comprends que, un jour, on ne puisse plus continuer.

Le chef de section m'a attribué un rayonnage sur l'une des étagères qui couvrent les murs de la cellule où nous travaillons, et je lis les uns après les autres les livres qui y sont rangés. Chaque agent a son rayonnage, son étagère et, quand nous aurons lu tous les livres de cette cellule, nous passerons à la cellule voisine. Nous ne disons presque rien lorsque nous travaillons.

Les premiers jours, je suis embarrassé par ce corps nouveau. Ce corps, qui, lorsque j'ai traversé le miroir, a remplacé mon corps d'image, a bien l'aspect extérieur d'un corps humain, du corps de mes souvenirs. De l'intérieur, je sais qu'il renferme d'autres organes, qui ne sont pas placés de la même façon et ne donnent pas les mêmes sensations, des cliquetis, des tic-tac. Au début, tout en lisant mes livres, je ne cessais pas d'écouter ces organes, comme s'ils risquaient de s'arrêter, puis je les ai oubliés comme, dans l'existence humaine, on oublie le battement de son cœur. En fait, ce corps fonctionne mieux que le corps humain. Il n'a pas besoin d'être nourri. On ne mange pas dans la bibliothèque. Plus étonnant peut-être, on ne respire pas. Je ne le remarque pas tout de suite, précisément parce que je n'ai pas besoin de respirer. C'est à notre immobilité que je m'en rends compte, nos corps, le mien mais aussi celui des autres, peuvent rester parfaitement immobiles, sans ce mouvement régulier qu'impose la respiration. Ce corps n'est jamais douloureux et il devient peu à peu transparent. On n'y pense jamais, on n'en parle jamais. Il y a quelque chose dans notre constitution qui semble nous interdire de penser trop longtemps à nous-mêmes. Notre attention est tout entière dirigée vers la bibliothèque.

Notre travail n'est perturbé que par ces bruits sourds que j'ai entendus la première fois pendant mon entretien avec le chef de section. Personne ne sait à quoi ils sont dus. Ils n'ont aucune régularité apparente, ils semblent venir de directions différentes. Presque tous les jours, ils secouent la cellule une ou deux fois, comme si l'on frappait d'un corps très lourd les murs ou le plancher d'une cellule voisine. Ce sont les seuls événements de nos journées. La lumière qui vient des puits ne change absolument pas. Elle reste d'une intensité uniforme.

Evidemment, les ombres ne tournent pas mais demeurent à la même place tout le long du jour, tandis que nous lisons debout devant ce pan de mur couvert de livres qui nous a été attribué.

Je ne sais pas à quoi le chef détermine la fin de la journée. Il nous fait signe de nous arrêter, nous nous asseyons autour de lui par terre, chacun fait un résumé de ses lectures. Nous bavardons quelques minutes, de la reproduction surtout. Puis nous nous séparons pour la nuit. Chacun choisit l'une de ces grilles qui barrent les ouvertures vers les puits de jour. Il suffit de poser une main sur les barreaux de métal. La lumière s'éteint et, au même instant, quelque chose se passe. Je ne sais pas en quoi cela consiste. Cela vient des grilles, peut-être un courant électrique, une forme d'énergie qui nous maintiendrait en vie. La seule chose à quoi je peux comparer cette sensation, ce serait une respiration de l'esprit. Je l'ai dit, nous ne respirons pas dans la bibliothèque. Mais, à ces moments, j'ai l'impression de respirer, j'ai l'impression que dans mon esprit quelque organe, qui reste d'habitude insensible, s'ouvre, se remplit et soupire. Ensuite, je tombe dans l'inconscience la plus complète jusqu'au matin, quand les lumières se sont rallumées. Je ne sais pas combien de temps durent les nuits, ce pourrait être un instant, quelques heures ou une éternité, je n'en ai aucune idée. Je n'ai jamais connu un tel sommeil, sans rêve et qui ne laisse que l'impression d'une interruption. Tout sentiment de durée est effacé. Il n'est pas impossible que nous mourions chaque soir et qu'au matin se réveille un être différent dont la mémoire a seulement été augmentée d'une journée.

Les réunions avec le délégué du Bureau, qui ont lieu tous les huit jours et qui consistent, pour l'essentiel, en un exposé analytique, ne sont pas, loin de là, une distraction. Je ne supporte ce travail qu'avec l'idée que, bientôt, je partirai vers des étages inexplorés à la recherche, surtout, d'un moyen de regagner le monde humain. Je ne peux pas croire être à ma place dans la bibliothèque. Je me dis que, si cette bibliothèque est un monde réel, il s'est produit comme une erreur d'aiguillage et que je ne devrais pas me trouver là. En même temps, je vois bien que les souvenirs que j'ai gardés de mon existence correspondent parfaitement à ce que l'on attend de moi ici, ma formation en mathématiques notamment. Même mon arrivée dans la bibliothèque, lorsque l'on me donne ce livre de Borges, a une certaine logique. Je n'ai pas de raison valable pour refuser ainsi cette vie.

Je ne peux pas parler avec les autres agents de leurs pseudo-souvenirs. Mais je pense souvent qu'ils sont dans la même situation que moi et cherchent à leur façon, c'est-à-dire dans les livres, quelque chose qui les ramènerait dans le monde humain. J'imagine même que le Bureau n'a entrepris son enquête sur l'origine de la bibliothèque que pour trouver un moyen de la quitter ou, mieux, de la détruire. Cette société hiérarchisée n'a été mise en place que dans le but de détruire la bibliothèque. Seulement, il faut d'abord la comprendre, comprendre son origine, sa raison d'être, son architecture.

La bibliothèque ne fonctionne donc que de notre désir de la détruire. Ce serait un curieux animal, dont chaque cellule voudrait la mort et qui vivrait de cela. Je ne crois pas qu'aucun agent puisse accepter cette vie. Sans doute, il doit y avoir un moment où l'on renonce à s'échapper, c'est-à-dire on se rend compte que l'on ne sort pas de la bibliothèque et on demande soi-même sa condamnation, ce saut infini dans le puits de jour. En tout cas, personne ne met en doute l'hypothèse que la bibliothèque est celle du vrai. Sans doute, parce que, si ce n'était pas le cas, il serait illusoire de chercher un indice dans ses livres.

Evidemment, il est improbable que la bibliothèque, la bibliothèque du vrai, puisse être détruite. Les livres se laissent corner. Se laissent-ils brûler, déchirer ? Je ne le crois pas. On ne voit jamais de poussière par exemple. Ma conviction est que la bibliothèque est indestructible. En fait, je pense que la bibliothèque est en elle-même intemporelle et que le temps n'y est introduit que par les agents qui y travaillent. En dehors de nos mouvements, il ne se passe rien, que cette alternance du jour et de la nuit, de la lumière et de l'obscurité. La lumière, qui vient des puits, ne connaît aucune variation, elle reste immobile, jusqu'au moment où elle s'éteint. Rien ne permet de distinguer un jour d'un autre ou un moment d'un autre. Rien ne change dans la bibliothèque. Or il me semble que le temps dépend justement de ce que se succèdent des événements singuliers et qui se distinguent les uns des autres. Imagine un univers immobile. Il n'y a de temps que dans la mesure où l'on se place soi-même devant cet univers pour le contempler. Et ce temps n'est plus alors que notre durée intérieure. En nous, dans le fil de nos pensées, il se passe toujours quelque chose. Quelque chose vient toujours s'ajouter et se lier à ce qui s'est déjà écoulé. Mais imagine un univers où il ne se passe rien et que l'on contemple d'un esprit absolument vide. Le temps n'est plus rien. Il n'y a pas de temps dans cet univers, aucune façon de distinguer un avant et un après ou de marquer une durée. Or la bibliothèque, vidée des agents, ressemblerait à cet univers.

Sans doute, les agents y introduisent le temps en y introduisant le changement, ils déplacent les livres, détachent les pages restées collées, les cornent parfois. Ils transforment malgré eux la bibliothèque et, dans cette mesure, je dois reconnaître que la bibliothèque, avec ces agents, est dans le temps.

J'ai fait abstraction aussi de ces bruits sourds, ces chocs, qui secouent de temps en temps nos cellules. C'est pourtant à leur recherche que je devrais partir. J'apprends, en effet, la date et le but de l'expédition à laquelle je suis attaché. C'est une expédition qui, pour moi, n'a pas de sens et dont, vraisemblablement, je ne reviendrai pas. Nous devrons marcher en suivant la direction de ces bruits sourds pour essayer d'en déterminer l'origine. Mais tout le monde sait que ces bruits, ces coups ne viennent jamais du même endroit. Ils se déplacent. Nous commencerons par tourner en rond et nous finirons par nous perdre dans ces cellules identiques.

L'hypothèse du Bureau me semble absurde. La bibliothèque serait en extension constante, de nouvelles cellules étant sans cesse ajoutées à l'édifice existant par une machine folle. Ce serait une machine gigantesque qui construirait peu à peu, cellule par cellule, notre bibliothèque. Elle imprime les livres — nous raconte le délégué —, les entasse sur des panneaux tels que ceux-ci — il montre les murs couverts de livres —, elle les fixe les uns aux autres pour fermer la cellule et accroche celle-ci aux anciennes. C'est à ce moment que se produit le choc qui résonne jusqu'à nous.

Pour moi, la bibliothèque est achevée depuis toujours, et je ne peux pas croire qu'elle reste en construction au moment même où nous y travaillons. Mais le délégué donne un long exposé sur l'hypothèse de la machine, et je comprends du moins l'importance qui attache le Bureau. Tout part d'une légende, à une époque où les agents vivaient sans organisation sociale. Ils invoquaient déjà une machine tournant autour de la région centrale où nous habitons, l'augmentant de nouvelles cellules et construisant peu à peu l'édifice immense que nous connaissons aujourd'hui. Ils voulaient sans doute eux-mêmes expliquer ces coups qu'ils entendaient déjà. La machine, disaient-ils, a d'abord fabriqué une première cellule, dont on a oublié l'emplacement. Puis elle a commencé à tourner autour de ce centre comme une araignée sur sa toile en ajoutant de nouvelles cellules, en spirale. Selon cette légende, les premiers agents pouvaient encore s'approcher du bord de la bibliothèque et observer la machine au travail. Mais il n'y a pas de raison de croire à cela. L'image de l'araignée tissant sa toile en spirale à partir d'un centre a aussi ce défaut qu'elle suppose que la bibliothèque est tout entière sur le même plan, sur un seul étage. Or la bibliothèque s'étend dans les trois dimensions de l'espace. Il faudrait donc plutôt penser à la façon dont on enroule un fil sur une pelote, un mouvement irrégulier, qui repasse plusieurs fois aux mêmes endroits.

Cependant, le plus simple, pour cette première expédition, est de supposer que la machine procède étage par étage, construisant un étage en entier et, peut-être, d'une extension infinie, avant de passer à l'étage supérieur. La construction d'un étage, si celui-ci comporte un nombre infini de cellules identiques, doit exiger un temps infini. Mais – nous rappelle le délégué – il peut se passer un temps infini pendant que nous dormons et avant que nous ne nous réveillions. Chaque nuit serait donc une éternité, un temps infini pendant lequel nous sommes inconscients et qui sert à la machine à augmenter l'édifice d'un étage et d'une infinité de cellules. Ces bruits sourds que nous entendons ne seraient que des travaux préliminaires, la mise en place des premières cellules, près de l'axe central où nous nous trouvons. Si la machine ne progresse que d'un étage par nuit, vous, qui êtes jeune, vous grimperez – le délégué montre l'escalier en spirale au centre de la cellule-, vous grimperez aussi vite que vous le pourrez et vous la rattraperez, conclut-il en me regardant, souriant.

Sauf que les bruits ne viennent jamais de la même direction et que je ne crois pas à l'hypothèse de la machine.

Mais le Bureau a toujours apprécié cette hypothèse, que la bibliothèque est construite progressivement par une machine, car elle élimine toute idée d'arbitraire. La machine, dans l'esprit du Bureau, fait tout : elle écrit les livres, elle les aligne sur les étagères, fabrique une nouvelle cellule et la rattache aux anciennes. Or il n'y a pas de volonté dans une machine, pas de décision. Ses mouvements ne dépendent que de son mécanisme. Une machine est toujours comme une horloge qui ne réfléchit pas mais dont les roues tournent d'elles-mêmes, un cran après l'autre, régulièrement. Si nos livres sont écrits par une machine, tout y a une raison et rien ne pourrait y être changé, sans renverser l'équilibre de la bibliothèque. Les phrases qui y figurent, leur place dans la bibliothèque, cela est déterminé depuis le début par le mécanisme de la machine, par la disposition de ses pièces, la façon dont elles se déplacent. La machine peut avoir été elle-même imaginée par un dieu, tant qu'elle fonctionne, nous n'avons pas à nous soucier de ce dieu caché : il nous suffit de chercher le mécanisme, les lois qui règlent le fonctionnement de la machine.

Cette hypothèse de la machine est longtemps restée un sujet de spéculation, au sein du Bureau, sans conséquences concrètes. Seulement, deux découvertes récentes ont complètement changé cette situation. Ce sont deux théorèmes de logique.

Le premier dit qu'aucune machine, au sens usuel, ne peut écrire toutes les phrases vraies du monde humain. C'est un résultat qui a été obtenu par un agent sur la base de recherches bibliographiques. Le délégué nous le donne sans démonstration. Le fait est : étant donné une machine qui écrit des phrases les unes à la suite des autres, il est possible d'imaginer une autre phrase dont on sait qu'elle est vraie et que jamais la machine ne pourra donner. En cela, le système de phrases, que peut écrire une machine, est incomplet.

La conclusion, qui me semble d'abord devoir en être tirée, est que nos livres, s'ils contiennent la totalité du vrai, ne sont pas écrits par la machine. Ce théorème me semble donc écarter l'hypothèse de la machine. Mais le Bureau en fait une interprétation différente. En effet, le raisonnement, qui conduit à ce théorème, suppose que la machine dont on parle est finie, comme une machine au sens usuel. Or notre machine, celle qui serait à l'origine de la bibliothèque, ne l'est pas forcément. On lui a déjà prêté des propriétés que n'ont pas les machines au sens usuel. On lui reconnaît, je l'ai mentionné, la possibilité de travailler un temps infini, pendant ces nuits où l'on reste inconscient. On peut également imaginer que la machine est constituée d'un nombre infini de pièces ou puisse, comme des roues crantées qui auraient un nombre infini de dents, se stabiliser dans un nombre infini de positions distinctes. Une telle machine n'est pas soumise à cette incomplétude, que le théorème évoqué met en évidence dans les machines finies.

Dans la perspective du Bureau, ce premier théorème montre seulement que la machine, qui construit la bibliothèque, est infinie, et c'est là plutôt un argument en faveur de l'hypothèse de la machine. Une machine infinie, une machine avec une infinité de pièces, ne peut pas avoir été construite par des voies naturelles. Personne, aucun agent ou aucun homme, ne peut construire une machine infinie en assemblant une infinité de pièces. Cela exigerait un espace et un temps infinis. La machine, qui construit la bibliothèque, est donc indépendante de tout être fini. Pour nous, la machine a toujours existé et fonctionné d'elle-même. La machine est un peu notre dieu. Et je dois dire que, dans la situation des agents, enfermés dans la bibliothèque, cette déification de la machine est assez compréhensible. Moi-même, qui suis plutôt sceptique, je suis convaincu que, si la bibliothèque a été créée et n'est pas elle-même hors du temps – je devrais dire *des* temps, si chaque nuit est une éternité –, l'être à son origine est une machine infinie.

Dans la bibliothèque, ce théorème d'incomplétude n'est donc pas jugé déterminant. Les difficultés viennent plutôt de l'autre résultat. De but en blanc, nous annonce le délégué, un agent a réussi à prouver qu'il n'y a pas dans les livres de la bibliothèque tout ce qui peut être dit de vrai. Il s'arrête, ses mots sont suivis d'un murmure de stupeur, auquel il s'attendait sans doute.

Seulement – reprend l'homme du Bureau – cela n'implique pas que la bibliothèque ne contienne pas la totalité du vrai. Nous, les agents, appartenons également à la bibliothèque. Nous pouvons par notre pensée compléter ce qui est écrit dans les livres et maintenir ainsi dans la bibliothèque la totalité du vrai. C'est là une preuve rigoureuse de la nécessité de notre existence. Notre raison d'être, la raison de notre présence ici, c'est que nous pouvons compléter les livres de la bibliothèque.

Les mots du délégué sèment néanmoins le trouble parmi nous, qui étions tous convaincus que la bibliothèque contenait la totalité du vrai, dans ses livres et indépendamment de notre propre pensée. Il nous explique le résultat, qu'il vient d'énoncer, de la façon suivante

Imagine que j'écrive au hasard sur un tableau noir : « le nombre entier qui ajouté à lui-même donne 2 », « le nombre entier qui, lorsqu'il est ajouté à un autre entier, ne le change pas », « le plus petit nombre pair », « le plus petit nombre entier qui n'est pas mentionné sur ce tableau ». La première phrase – ou, pour être exact, la première description – désigne le nombre 1 ($1 + 1 = 2$), la deuxième désigne le nombre 0 ($0 + x = x$), la troisième désigne le nombre 2. Maintenant, il y a bien des entiers qui ne sont pas mentionnés dans les phrases que j'ai écrites au tableau, 3, 4, 5 etc. Le plus petit, c'est le nombre 3. Tu te dis donc peut-être que la dernière phrase que j'ai écrite désigne le nombre 3. Mais c'est une erreur. Parce que si cette phrase désignait le nombre 3, celui-ci serait mentionné, de la même façon que 0, 1 et 2, et ne pourrait plus être décrit comme le plus petit nombre qui n'est pas mentionné au tableau. En fait, la dernière phrase, en tant qu'elle est écrite, ne peut représenter aucun nombre. Il y a un sens à dire cette phrase mais non pas à l'écrire au tableau. Tant que je ne fais que dire « prends le plus petit nombre qui n'est pas mentionné sur ce tableau », cette phrase a un sens et désigne le nombre 3. Au moment où je l'ai écrit sur le tableau, elle perd son sens.

Maintenant, considère la phrase : « le plus petit nombre entier qui n'est mentionné dans aucun livre de la bibliothèque est impair ». Nous pouvons dire cette phrase, elle a un sens et je pense qu'il y a une chance sur deux pour qu'elle soit vraie. Cependant, cette phrase ne peut pas figurer dans un livre de la bibliothèque, car, dans un livre de la bibliothèque, elle n'aurait plus de sens. Cet exemple donne à penser que certaines phrases qui ont un sens et, en fait, sont vraies, peuvent être dites mais ne peuvent pas figurer dans les livres de la bibliothèque. Ces phrases, qui sont vraies mais ne peuvent pas apparaître dans les livres de la bibliothèque, c'est à nous, les agents, de les dire. C'est pourquoi l'être qui a créé la bibliothèque nous y a placés.

L'exemple que nous donne le délégué pourrait être précisé et rendu plus rigoureux, puisque, en particulier, il est possible que chaque entier soit mentionné dans un livre de la bibliothèque, si celle-ci est infinie. Cependant, je trouve dans l'ensemble le raisonnement assez convaincant et il me rappelle même un paradoxe dont je n'arrive pas à retrouver le nom.

Quoi qu'il en soit, cette deuxième découverte a conduit à de nombreuses difficultés. En effet, l'hypothèse que la bibliothèque contient la totalité du vrai exige que les livres, que la machine a produits, puissent être complétés, par nous-mêmes, en pensée. Mais cela signifie que nous pouvons penser autre chose et d'une autre façon que la machine qui organise la bibliothèque et en écrit les livres, sans quoi il restera toujours une incomplétude. Or nous sortons de la bibliothèque, nous sortons de ces miroirs que la machine a conçus et posés dans les cellules. Nous sommes nous-mêmes des pièces de la bibliothèque et, par conséquent, des produits de la machine. Or peut-on imaginer qu'une machine produise un être capable de penser autre chose et d'une autre façon qu'elle-même ? L'hypothèse que notre bibliothèque est celle du vrai exige que nous, les agents, avons une capacité de raisonnement différente et, en fait, supérieure à celle de la machine qui écrit nos livres. Est-il alors possible que la machine nous ait elle-même produits ? et si ce n'est pas le cas, qui sommes-nous ?

Ces questions, qui sont essentielles, pour nous dans la bibliothèque, ont fait l'objet de discussions interminables et d'autant plus pénibles qu'il y a quelque chose dans notre constitution, notre façon de fonctionner, qui nous écarte de toute réflexion sur nous-mêmes. Pour la première fois, les membres du Bureau n'ont pas réussi à se mettre d'accord, et deux factions rivales se sont formées. Au départ, personne n'a accepté que la machine réussisse à produire des êtres, nous-mêmes, pourvus d'une capacité de raisonnement supérieure à la sienne propre. Si la machine pouvait produire une intelligence supérieure à la sienne, elle se l'attacherait à elle-même et ne nous l'aurait pas d'abord donnée pour nous perdre ensuite dans cette bibliothèque. Rien n'est rigoureux dans ces spéculations, nous allons au plus vraisemblable. Chacun s'accorde donc sur ce point, que, si la machine nous a créés, elle n'a pas pu nous donner des facultés différentes des siennes, c'est-à-dire supérieures aux siennes. C'est ensuite que se séparent les deux factions. D'un côté, ceux qui se disent les Fils de la Machine partent de l'hypothèse que nous sommes en effet des produits de la machine. Il en découle que nous n'avons pas d'autres facultés que les siennes et que nous ne réussirons jamais à compléter ses livres pour obtenir la totalité du vrai. Sans doute, la machine nous a créés en vue d'une tâche déterminée. Mais cette tâche n'a rien à voir avec le vrai. Notre tâche est seulement de prendre soin de la bibliothèque et de la machine, surveiller, réparer, suppléer au besoin. Les autres, ceux qui se disent les Fils de la Terre, ne veulent pas renoncer à l'hypothèse que la bibliothèque contient la totalité du vrai. Si nous avons été placés là, c'est bien pour compléter les livres qu'écrit la machine. Cependant, nous n'avons pas nous-mêmes été créés par la machine. Nous serions plutôt des humains, comme l'indiquent nos souvenirs, ou, plus exactement, des esprits humains capturés par la machine et enfermés dans ces corps, prisonniers dans cette bibliothèque. Nous n'appartenons pas à la machine et devons pouvoir sortir si nous le souhaitons. Il nous faut retrouver la machine et la contraindre, par la force, à nous libérer.

La violence des discussions fait craindre un véritable schisme, qui menacerait la société des agents. Les deux clans s'accordent seulement sur la nécessité de lancer une expédition en direction de la machine. C'est à cette expédition que je dois participer.

Je comprends l'argument en faveur de l'hypothèse de la machine. Le vrai, dans son contenu et dans son organisation, ne doit dépendre d'aucun d'arbitraire, d'aucune volonté particulière fut-elle divine. Et cela, en effet, me semble revenir à dire que le vrai s'engendre de façon mécanique. C'est seulement une machine qui peut produire la bibliothèque du vrai. Je préfèrerais penser que la bibliothèque est incréée et éternelle. Je dois pourtant reconnaître que l'hypothèse de la machine a du poids et, à partir de là, les problèmes que rencontre le Bureau sont incontournables. Je ne sais pas ce que pourra amener un face à face avec la machine, s'il y a une machine et que nous la trouvons. Mais je suis prêt à partir et à chercher la machine. Je n'attends plus que l'entretien avec ma compagne de l'image qui doit autoriser mon départ.

Elle arrive un jour dans notre cellule sans que l'on nous ait prévenus. On voit qu'elle vient de loin. J'ai entendu dire qu'il lui arrive de marcher plusieurs jours de suite entre deux visites, dans des sections éloignées. Je ne sais pas comment elle se repère dans ces cellules identiques. Enfin, cette région qu'elle parcourt est peuplée de façon régulière par des sections de lecteurs. On ne peut pas vraiment s'y perdre. Et la fatigue ne compte pas dans ce corps de cliquetis et de tic-tac.

Nous allons un peu plus loin dans une cellule où l'on ne pourra pas nous entendre. Elle me fait signe de m'asseoir, par terre en face d'elle. Elle réfléchit. Evidemment, elle n'a pas de dossier à consulter. En la regardant mieux, je remarque qu'elle a un peu grossi, son visage s'est empâté et a pris une sorte de gravité qui convient à ses nouvelles responsabilités. C'est bien elle pourtant.

« C'est votre premier entretien ? », me demande-t-elle.

« Oui », je hoche la tête.

« Bon. Je dois d'abord vous prévenir, il est normal que vous ayez l'impression de m'avoir déjà rencontrée. J'apparais dans le pseudo-passé de tous les agents que je traite. Cela induit un phénomène de transfert qui facilite mon travail. Mais je n'ai pas besoin pour le moment de m'occuper de votre mémoire. Je vais commencer par vérifier quelques circuits. »

Elle s'est glissé à côté de moi et a sorti une clé de sa poche, semblable à celle avec laquelle on ouvre les grilles devant les puits de jour, mais plus petite. Elle regarde juste au-dessus de mes yeux à la hauteur de mon front. Je n'aime pas trop cela.

« Attention, ne bougez pas. »

Je croyais qu'il s'agissait seulement d'un entretien. Je n'ai pas le temps de le lui dire.

« Ne vous inquiétez pas. C'est un examen de routine. Vous ne sentirez absolument rien. »

Elle me relève doucement la tête d'une main et, de l'autre, il me semble qu'elle cherche quelque chose avec sa clé, puis qu'elle fait coulisser une grande partie de mon front et du crâne. Pendant ce temps, elle me parle. Elle m'explique qu'elle n'a pas elle-même de pseudo-souvenirs. Elle est penchée au-dessus de moi. Je sens ou, plus exactement, j'entends comme un grattement à l'intérieur de mon front. C'est un peu désagréable mais pas douloureux. Je suis comme chez le dentiste ou chez le coiffeur, qui, eux aussi, ont l'habitude de vous parler pendant qu'ils travaillent. Le coiffeur, cela me fait penser au miroir. J'arrive à l'attraper du coin de l'œil. Une large ouverture au niveau du front, qui laisse apparaître un petit écran, comme sur ces vieilles calculatrices, un rectangle noir avec des filaments rouges pour former les chiffres. Je ne comprends pas comment je réussis à distinguer d'aussi loin ce petit écran. Elle est toujours à côté de moi, penchée sur l'écran. Je ne sais pas ce qu'elle fait. Elle me parle toujours du type dont elle est issue. Un type d'individu qui n'est apparu que récemment dans la bibliothèque et dépourvu de tout souvenir. Il lui a même fallu apprendre notre langue quand elle est sortie du miroir. On ne lui laisse pas consulter les livres. On suppose qu'elle ne les comprendrait pas dans leur sens exact.

« Je pense souvent − elle continue − que, s'il y avait des images, j'aurais pu me passer de souvenirs. »

C'est vrai, aucun livre ne comporte d'images. Ce n'est que du texte. Même dans les livres de géométrie, il n'y a jamais de figures. Il faut tout se représenter mentalement. Pourtant, il suffirait que le texte soit accompagné d'images, et les agents n'auraient pas besoin de ces souvenirs. Les images remplaceraient les pseudo-souvenirs. On pourrait même imaginer des sortes d'encyclopédies avec le mot et un dessin de la chose. Ou même uniquement des livres d'images, sans textes. Je me demande si ou à quelles conditions cela fonctionnerait.

Un claquement sec. Elle a refermé la partie du crâne qu'elle avait ouverte.

« Bon. Je vous ai reprogrammé pour l'expédition. Faites attention en vous relevant. Vous pouvez avoir une impression de vertige au début. »

Sa voix est déjà lointaine. Je ne vois plus rien. J'ai peur qu'elle ait fait une erreur.

J'ouvre les yeux. La première pensée qui me vient est que je me suis étendu pour fumer ma pipe et que je me suis endormi quelques instants. Pourtant, je me dis ensuite, j'ai du travail. Evidemment, cela n'a aucun sens. Il y a un instant, j'étais encore dans la bibliothèque. Je regarde autour de moi.

Je suis étendu sur toute la longueur d'un canapé, la tête appuyée contre un accoudoir, les pieds croisés sur l'autre et chaussés dans des pantoufles en feutre. Mes jambes me semblent très longues. Je porte une robe de chambre, une sorte de cachemire, et des pyjamas rayés. C'est le matin mais il est déjà tard. Le soleil entre dans la pièce par les deux grandes fenêtres, à ma gauche, elles sont couvertes de mousseline et encadrées par ces rideaux oranges, qui ressemblent à ceux de cette chambre, dans le monde humain, où mes aventures ont commencé. Ces rideaux ne semblent pas à leur place ici, dans ce salon bourgeois. La pièce doit donner sur la rue, qui est assez bruyante, bien que je ne reconnaisse pas immédiatement les claquements rapides et réguliers, le grincement des roues. Ce sont des voitures à cheval, qui roulent sur des pavés.

Il y a du feu, dans la cheminée, en face de moi, un feu vif que l'on vient d'attiser. Une glace est posée sur le manteau de la cheminée, avec quelques objets devant. Sur ma droite, on a placé, à portée de ma main, une pipe, des journaux sur un guéridon et une boîte, curieusement décorée, qui me rappelle quelque chose, je ne peux pas encore dire quoi. La pipe est allumée, un ruban de fumée s'en élève, tout droit sur une vingtaine de centimètres. C'est de là que vient cette odeur parfumée. Je me lève pour aller jusqu'à la glace. Mais je découvre, dans la partie de la pièce qui était derrière moi, une table avec deux chaises et les reliefs d'un petit déjeuner abondant. Je sais d'ailleurs que je viens de manger. Je réalise maintenant comme je me sens bien. J'ai encore le goût des toasts dans la bouche, cette impression délicieuse de commencer à digérer. Je respire aussi.

Je suis effectivement plus grand qu'avant. Je me dirige vers la table. Je reprends un toast. Le pain grillé est encore tendre, il râpe un peu dans la bouche, entre la langue et le palais. Je retrouve avec plaisir les sensations humaines. En même temps, je me souviens distinctement d'avoir déjà mangé ce matin. Et je pense, oui, j'ai de l'appétit, c'est que je dois m'occuper d'une affaire aujourd'hui. Je me prends aussi à songer à ces plats de dinde que Mme Hudson nous fait de temps en temps.

J'attrape ma pipe sur le guéridon et je marche jusqu'à la glace : un visage maigre encadré de cheveux châtains, les joues creuses avec des favoris épais, quelque chose de vigoureux pourtant, des yeux clairs, mobiles et qu'il me faut un instant pour arrêter sur eux-mêmes. Ils s'interrogent. Mais j'ai des indices suffisants, je sais parfaitement qui je suis.

Je retourne m'asseoir sur le canapé. Je tire quelques bouffées de ma pipe qui allait s'éteindre. Le mélange est fort. Je dois m'étendre à nouveau. Il faut que je réfléchisse. Il me semble que j'entends maintenant d'autres bruits que je ne distinguais pas derrière les voitures dans la rue, des voix à l'étage en dessous. C'est Watson qui parle à Mme Hudson. Je me souviens, nous avons déjeuné avec Watson et, je ne sais plus à propos de quoi, il m'a donné de son refrain :

« Holmes, vous n'êtes pas humain, je vous l'ai dit, vous n'êtes qu'un automate, une machine à calculer. »

Oui, il me dit des choses comme cela parfois. Il interprète mon intérêt pour les gens, mon intérêt spéculatif pour leurs affaires et leurs caractères comme de l'indifférence, l'indifférence d'une machine qui raisonne et ne sent rien. C'est peut-être vrai, après tout.

Je revois parfaitement Watson me sermonner sur ce qu'il appelle mon indifférence. C'était il y a quelques minutes. C'est comme s'il y avait une bifurcation dans mes souvenirs, deux branches : l'une qui revient dans la bibliothèque et l'autre avec ce petit-déjeuner. Watson est venu me voir avant de commencer sa tournée. Il a ouvert un cabinet et repris la médecine depuis qu'il s'est marié. Ensuite, ou plutôt avant, cette nuit, hier soir, cela s'arrête, je ne retrouve rien, ou des choses vagues. J'entends qu'on frappe. Je n'ai pas le choix :

« Entrez. »

C'est une femme petite d'une cinquantaine d'années, les cheveux gris peignés en arrière, attachés dans un chignon, un visage ridé mais énergique. Elle est vêtue d'une robe marron, avec un tablier blanc. Elle tient à la main un plateau. Mme Hudson, notre logeuse. Elle vient débarrasser la table. Je ne dois pas l'aider, je me redresse mais je reste assis.

« *Are you practicing French, Mr Holmes ? I can see you're in a funny mood this morning.* »

Sherlock Holmes, je ne m'étais pas trompé devant la glace. Seulement, nous sommes à Londres et, évidemment, parlons anglais. Elle continue :

« It is none of my business but I don't think you should smoke these pipes in the morning. Dr Watson told me that he'd come for dinner tonight. Is that right ? »

Je ne la contredirai pas. Watson doit en savoir plus que moi en ce moment. J'ai dû lui demander de venir dîner ce soir.

« Oui … yes, we'll have dinner at seven, please. »

« You speak just like a Frenchman Mr. Holmes. It reminds me when I was in Paris, a long time ago. Will you stay here for lunch ? »

Je serais tout à fait heureux de goûter à la cuisine de Mme Hudson, dont on entend souvent vanter les mérites. Mais il vaut mieux que je reste libre de mes mouvements et seul le plus longtemps possible.

« No, Mrs Hudson, I don't think so. »

Je ne dis plus rien ensuite. Je ne veux pas prendre de risque. Ma logeuse range un peu. Elle me regarde d'un air à la fois inquiet et réprobateur avant de quitter la pièce, emportant sur son plateau les restes du petit-déjeuner. Je respire et reprends ma pipe. J'ai un peu de temps devant moi. Je sais de façon confuse qu'il me faudra ensuite sortir et, ce soir, il y aura ce dîner avec Watson. Il ne sera pas aussi facile de tromper mon ami. Je peux bien sûr prétendre vouloir me faire passer pour un touriste français, ou un marin français, et m'en tenir à ce personnage toute la soirée. Watson a l'habitude de me voir jouer ces rôles, il ne sera donc pas étonné que je sois ce soir un étranger, incohérent dans ses propos et mal à l'aise dans nos habitudes. En même temps, je réfléchis, il ne s'agit pas de tromper Watson. Personne, et certainement pas Watson, ne va m'accuser de ne pas être Holmes. En fait, personne ne pourrait croire que je ne suis pas Holmes. Je n'ai pas à craindre d'être démasqué. Watson est mon ami. Si je lui parlais de la confusion dans laquelle je suis maintenant, ou que je lui avouais cette idée, que je ne suis pas Holmes, il considérerait simplement cela comme un accès de folie et me conseillerait le repos.

Il me vient à l'esprit que Watson n'aurait peut-être pas tort. Je suis dans le corps de Holmes. Légalement par exemple, je suis Sherlock Holmes, détective. Si je ne peux pas m'empêcher de penser que j'ai pris la place, ou que l'on m'a mis à la place du détective, dans son corps, c'est là une impression purement subjective et sans valeur dans ce monde. Il me suffit de me trouver dans le corps du détective pour que, selon toute évidence, tout critère imaginable dans ce monde, je sois Holmes. Je réalise avec un certain malaise que je n'ai rien à cacher, parce que, du point de vue de ce monde, je suis Holmes. Plus exactement, si j'ai quelque chose à cacher, ce n'est pas mon identité mais quelque chose comme ma folie, ce n'est pas le fait de ne pas être Holmes mais le fait de croire ne pas être Holmes. Le risque n'est pas d'être démasqué comme un autre mais d'être pris, et soigné, pour fou.

Qu'est-ce qui me prouve, du reste, que je ne suis pas réellement Holmes ? Je me souviens de toute une série d'aventures hors de ce monde. C'est vrai. Cependant, je pourrais, moi Holmes, les avoir imaginées de toute pièce et, en contre partie, avoir effacé tout souvenir de mon existence passée, ne laissant que cette image du petit-déjeuner avec Watson et quelques habitudes, des pensées toutes faites. Il y a des cas comme cela. En fait, ce serait la façon la plus simple d'expliquer que je reprenne conscience, dans ce monde et dans le corps du détective.

Il y a aussi un autre problème. Si j'ai l'impression de m'être réveillé, il y a quelques minutes, dans le corps de Holmes, Holmes, lui, a toujours vécu dans ce monde. Ce corps n'était pas inanimé. Ce corps était habité d'une personnalité propre, d'une subjectivité. Qu'en est-il devenu ? Qui était Holmes, avant que je ne me réveille, si je ne l'étais pas déjà ? Je ne sais pas pourquoi, je serais prêt à accepter que l'on m'ait envoyé dans le corps de Holmes mais je n'arrive pas à comprendre pourquoi on l'en aurait, lui, retiré. Par ailleurs, je m'aperçois que je recours à des hypothèses fantastiques et qui, en tout cas, dépendent d'une métaphysique que je devrais refuser, l'idée que la subjectivité est une substance, indépendante du corps et que l'on pourrait détacher de son corps pour la placer dans un autre. Que dirait Watson s'il m'entendait ? Alors qu'il serait si simple d'admettre que je suis Holmes, que j'ai toujours été Holmes et que j'ai seulement rêvé de la bibliothèque.

Et, pourtant, je ne peux pas renoncer aussi facilement à la réalité de la bibliothèque. Cette dernière scène avec ma compagne de l'image est encore bien présente dans mon esprit. Je ne peux pas y voir une illusion. En même temps, si j'écarte ces hypothèses métaphysiques, un échange de person-nalités, Holmes passant dans mon corps et moi dans le sien, je ne vois pas comment, sans avoir rêvé, je pourrais avoir traversé cet inter-monde, pour tomber de la bibliothèque dans le corps du détective. Il faut que l'un de ces mondes ne soit qu'une illusion.

Evidemment, il est possible que ce monde, ce salon bourgeois, où je crois m'être réveillé, ne soit qu'une illusion, une illusion orchestrée par le Bureau de la bibliothèque ou par cet agent, ma compagne de l'image. C'est ce que laisserait penser sa dernière phrase, lorsqu'elle me dit qu'elle m'a reprogrammé.

C'est-à-dire, je me trouverais encore là où je me suis quitté pour la dernière fois, un corps de machine allongé dans une cellule, et, simplement, je rêverais, avec le programme que l'on m'a installé, ce monde, ces personnages, être Sherlock Holmes, détective.

Bien sûr, je ne peux pas être certain que je ne rêve pas. Mais, finalement, à quoi me servirait cette hypothèse que je rêve ? Changerait-elle quoi que ce soit à mes problèmes ? Il n'en resterait pas moins que je suis plongé dans un autre monde, où je tiens le rôle de Holmes, où je suis ce Holmes qui devra sortir tout à l'heure, dans un Londres inconnu, et dîner avec Watson. Un Holmes que l'on prendra pour un fou s'il s'est convaincu qu'il n'est plus lui-même. Je me demande également si la question ne se poserait pas de la même façon, de savoir qui était Holmes dans ce monde avant que je n'y prenne conscience. Je ne sais pas s'il suffirait de dire que, dans la mesure où je le rêve, ce monde n'existait pas avant que je m'y introduise. Il existe maintenant, pour moi du moins, et, tel qu'il existe ou tel qu'il m'apparaît, ce présent suit d'un passé. Si, comme je veux le croire, ce qui est, c'est ce que je perçois, tel que je le perçois, je dois accepter que ce monde, même rêvé, a un passé où vivait déjà ce détective dont j'occupe maintenant le corps. Ce détective, qui était-il sinon déjà moi-même ?

Par ailleurs, je ne crois pas ne faire que rêver. Je suis convaincu, autant qu'on peut l'être, de me trouver dans ce corps, à la place de Holmes. Ce monde me semble aussi réel que tous les autres que j'ai traversés. Il n'y a donc pas de raison que je rêve, ici en particulier.

Il ne sert à rien de tourner ces choses indéfiniment dans ma tête. Je dois prendre une décision. Ou bien je suis réellement ce détective et simplement je ne m'en souviens pas, ou bien je ne le suis pas. Mais, si je le ne suis pas, il y a ces deux questions : comment ai-je pu arriver dans ce corps et qu'est-il advenu de Holmes lui-même ? Inversement, ces deux questions s'évanouissent, si j'accepte que je suis et que j'ai toujours été Holmes. En toute logique, c'est l'hypothèse que je dois adopter.

Il est certain que ma position, dans ce monde, a quelque chose d'étrange. Je ne me souviens que de ce petit-déjeuner avec Watson, et de rien d'autre. Ma vie m'est entièrement inconnue avant cet épisode. En fait, ce n'est pas vrai. Je réalise que je connais la vie de Holmes, telle, du moins, qu'elle a été racontée dans le monde humain. J'ai lu ces romans, et il me semble que j'en possède maintenant une connaissance précise. Réfléchissons donc. Tout indique, mon appétit, cette pipe, ces journaux, l'échange avec Mme Hudson, que l'on m'a proposé un travail, une affaire que je dois régler et pour laquelle j'aurais donné rendez-vous à Watson ce soir. Il y a aussi ce petit-déjeuner avec Watson. Je retrouve deux histoires qui s'ouvrent avec Watson me comparant à une machine. La première est *Le signe des quatre*. Mais c'est l'épisode où Watson rencontre sa femme. Nous sommes donc plus loin dans le temps. Il reste « Un scandale en Bohème ».

Que s'y passe-t-il donc ? Je cherche quelques instants et l'histoire me revient aussi clairement que si j'avais le livre sous les yeux. Von Ormstein, prince héritier du trône de Bohème, est venu ici hier soir. Watson était là. Le prince, qui va se marier, m'a chargé de récupérer une photographie que détient une ancienne maîtresse, Irène Adler. Il craint qu'elle ne le fasse chanter, ce dont je doute. Il m'a donné son adresse. Je sais parfaitement ce que j'ai à faire. Je la surveille toute la journée. Et ce soir, avec Watson, nous allons chez elle.

J'organise un simulacre de bagarre au moment où elle s'apprête à sortir, je feins d'être blessé et on me fait entrer chez elle. Watson a amené des fumigènes qu'il jette dans le salon où l'on m'a transporté. Je crie au feu. Elle prend peur, elle pense que la maison brûle et veut emporter avec elle cette photographie. En allant la chercher, Irène me montre, sans le savoir, où l'objet est caché. Nous repartons, avec Watson. Seulement, Irène m'a reconnu et, quand, demain, nous reviendrons avec mon client, le prince, Irène sera partie, elle aura laissé dans sa cache une autre photographie, une photographie d'elle, signée de sa main. Je la garderai et, bientôt, cette photographie sera posée sur la cheminée, là, devant moi. Je resterai amoureux d'Irène, autant qu'une machine peut l'être. Ce sera pour moi *la* femme, ma femme, même si je n'en aurai jamais possédé que la photographie.

Il faut dire que, maintenant que je dois la mener à bien, cette aventure me semble complètement folle. Je ne sais pas à quoi pouvait penser l'auteur : la bagarre, l'incendie, le fait qu'Irène me reconnaisse alors qu'elle ne m'a jamais vu, personne ne peut y croire. Pourtant, je suis certain de ne pas tromper. Ces épisodes me semblent invraisemblables mais inévitables. Ce texte que j'ai dans la tête est comme une suite de postulats, autour desquels ce monde est construit et qu'il doit vérifier. C'est tout à fait extraordinaire. Le passé et l'avenir s'ouvrent devant moi et me sont dévoilés de la même façon. J'en ai la même connaissance, abstraite et exacte. Abstraite, dans la mesure où je ne dispose que d'une somme d'informations, sans en avoir les souvenirs, un texte qui décrit le passé, comme l'avenir. Et exacte, dans la mesure où la trame de l'avenir, comme du passé, m'est donnée de façon précise, sous la forme presque d'une liste d'instructions, qu'il me serait impossible de transgresser. Je connais le texte de l'avenir, je n'ai plus qu'à en attendre les images, les sensations.

Du reste, je peux même pressentir certaines images. Je sais par exemple quel sera le visage d'Irène. La description que j'en ai, dans ce texte du futur, concorde avec ce que j'ai déjà vu. C'est évident, je retrouverai ma compagne de l'image. Cela peut expliquer, du reste, qu'Irène me reconnaisse, même sous les traits de Holmes, alors que, dans le monde de cette histoire, elle ne m'a jamais vu. A la réflexion, la chose n'est pas si simple. Si Irène était originaire de ce monde et n'avait aucune connaissance de nos aventures passées, elle n'aurait pas de raison de me reconnaître, ni moi-même ni moi-même comme Holmes. Si elle me reconnaît, c'est que, d'une façon ou d'une autre, elle vient elle-même de la bibliothèque et m'a suivi dans ce monde. Je suppose qu'elle a quelque chose à me communiquer ou que, moi-même, je suis censé lui transmettre une information.

Je poursuis sur cette piste. La seule façon, pour ma compagne de l'image ou cet agent de la bibliothèque, d'entrer en contact avec moi est de s'introduire dans le même monde que moi. Cela prouverait que ce monde n'est pas une illusion contrôlée depuis la bibliothèque, sans quoi l'on trouverait d'autres moyens de me faire parvenir des messages. Non, cela confirme ma conviction que ce monde n'est pas un rêve. Ce monde a une réalité et, bien qu'il soit relié à la bibliothèque, les agents n'ont aucun pouvoir sur son contenu.

Je tiens une hypothèse. C'est qu'il existe dans la bibliothèque un département de fictions, dont on ne m'a jamais parlé mais où l'on trouve des romans, ces histoires policières, que j'ai dans la tête, et sans doute l'exemplaire original du livre de Borges qui nous servait à nous reproduire. Les livres qui disent le vrai, ceux que j'étudiais, se rapportent au monde humain, mais il y a d'autres mondes, coordonnés à ces fictions et dans lesquels ces fictions sont vraies. D'autres mondes ou d'autres secteurs dans le monde humain. Peu importe. On pourrait également considérer que la bibliothèque est elle-même le monde où les livres de Borges sont vrais, ce qui expliquerait que, comme le veut Borges, les miroirs ne reflètent pas seulement mais reproduisent les agents qui s'y regardent. En tout cas, j'ai quitté le monde de la bibliothèque pour entrer dans un autre, celui de Holmes, où ma compagne de l'image viendra bientôt me rejoindre. Ce monde est réglé par les histoires que j'ai dans la tête. Elles y seront vraies, tout cela arrivera. Je suis libre dans la mesure où je respecte le texte des aventures du détective. Je suppose que, sur ce point, je n'aurai pas le choix. Mais, dans les intervalles, entre deux aventures, entre deux phrases, je suis laissé à moi-même, libre de mes mouvements.

J'ai donc à ma disposition deux hypothèses. La première est que je suis réellement, et que j'ai toujours été, Holmes. La seconde est que ce monde est coordonné à l'un des livres de la bibliothèque, où sont écrites ces histoires que j'ai dans la tête. Ces hypothèses ne sont contradictoires que dans la mesure où j'admets que je suis moi-même réellement passé dans la bibliothèque. Je ne peux, en effet, avoir été, que ce soit en même temps ou successivement, un agent de la bibliothèque et un détective dans ce monde. Il faudrait pour cela envisager un échange de personnalités qui me placerait dans le corps de Holmes et enverrait le détective dans mon propre corps, ou dans le corps-machine de l'agent bibliothécaire que j'étais. Un tel échange de personnalité, outre son invraisemblance, suppose un dualisme métaphysique, et je préfère ne pas y recourir. La seule solution alors est de poser, bien que cela contredise la vivacité de mon souvenir, que cette bibliothèque, qui est réelle, m'est seulement apparue en rêve. Et c'est également dans ce rêve, ces rêves, que j'ai rencontré ma compagne de l'image que je vais maintenant retrouver sous les traits d'Irène Adler. Je suppose qu'Irène est dans la même situation. C'est-à-dire, elle a elle-même rêvé d'une bibliothèque où elle me programmait pour que je réapparaisse sous les traits d'un détective, qu'elle attend maintenant.

Bien sûr, cette version des faits a plusieurs défauts. Elle reste invraisemblable, je le reconnais. D'autre part, dans les histoires que j'ai en tête, Holmes n'a pas l'habitude de faire intervenir des mondes extra-humains ou, littéralement, extraterrestres pour donner une solution aux problèmes qu'on lui propose. Néanmoins, le surnaturel, ici, n'intervient qu'avec ce rêve de la bibliothèque, que nous faisons Irène et moi, parallèlement. Cette bibliothèque, il me semble que Holmes pourrait se convaincre de son existence, il en est même convaincu, puisque j'en suis convaincu et que je suis Holmes. Surtout, ces hypothèses ont le mérite d'expliquer de la façon la plus simple, il me semble, les faits auxquels je suis confronté et cela sans faire intervenir aucun dualisme métaphysique, comme dans ces échanges de personnalité.

Il reste un élément que je n'ai pas pris en compte, cette phrase de Watson, moi-même comme machine. Il y a quelque chose là dessous. Le bureau de la bibliothèque avait bien le projet de m'envoyer à la recherche d'une machine. Evidemment, je ne suis pas, c'est-à-dire ce Holmes que je suis n'est pas, la machine que je devais chercher, la machine infinie qui produit la bibliothèque. Il pourrait s'agir d'un archétype de machine.

Où l'on veut étudier les réactions d'un agent à l'hypothèse qu'il est machine.

Je ne sais pas. Pourtant, je sens bien que, dès que je pense à cette phrase de Watson, je rencontre dans mon esprit une somme d'informations que je n'avais pas. D'abord, je sais exactement ce que c'est qu'une machine. Une machine est un certain dispositif avec deux propriétés. D'une part, on suppose qu'une machine n'est susceptible de prendre qu'un certain nombre, un nombre fini, d'états internes. Une horloge est une machine en ce sens. Les roues crantées peuvent s'arrêter dans un nombre fini de positions différentes. Chaque position des roues crantées est un état de cette machine. D'autre part, l'action que réalise une machine, à un moment donné, ne dépend que de l'état dans lequel la machine se trouve et des données extérieures qui lui sont parvenues. L'horloge ne reçoit pas de données extérieures et, par conséquent, son action, si l'on peut parler d'une action pour une horloge, ne dépend que l'état dans lequel elle se trouve, c'est-à-dire de la position des roues crantées ou des aiguilles qui y sont attachées. Bref, l'horloge ne choisit pas, elle sonne et décale la grande aiguille quand la petite atteint en haut du cadran le chiffre 12.

Un ordinateur est une machine dans le même sens que l'horloge. L'état de cette machine est déterminé, non plus par la position de roues crantées, mais par la position, ouvert ou fermé, d'une série d'interrupteurs branchés les uns aux autres. A la différence de l'horloge, l'ordinateur reçoit des données extérieures, lorsque l'on tape quelque chose sur le clavier. Ses actions dépendent alors de l'état interne, c'est-à-dire de la position des interrupteurs, et des données extérieures, c'est-à-dire de ce que l'on tape sur le clavier.

Notre définition ne dit rien de la nature des « états internes » qu'elle prête à la machine. Elle n'exige pas même que ces états soient matériels. Il est donc possible de parler d'une machine mentale, dont les états internes seraient des états mentaux. En ce sens, je peux bien être, ou mon esprit est peut-être, une machine mentale. Il suffit que mes pensées possibles, mes états intérieurs, soient en nombre fini, et que mon action, à un moment donné, ne dépende que de mon état intérieur et de données extérieures, de certains stimuli. Poser que je suis une machine mentale, c'est alors dire, d'une part, que mes états mentaux sont en nombre fini et, d'autre part, que mon comportement est déterminé de façon univoque : avec la même pensée et dans les mêmes circonstances, j'agis de la même façon.

Mon corps peut également être décrit comme une machine. On peut considérer le corps comme un appareil avec différentes pièces, des muscles, un cœur, à la place des roues crantées ou des interrupteurs, susceptibles de prendre un nombre fini de positions différentes, et admettre que les actions de ce corps ne dépendent que de la position de ses pièces et des stimuli qu'il reçoit de l'extérieur. Cela suffit à faire de mon corps une machine, une machine non de métal mais de chair. Néanmoins, je ne crois pas que je puisse tout entier être réduit à ce corps-machine. Il me semble qu'il y a dans mon expérience, dans ma pensée ou, simplement, dans mes sensations quelque chose que l'on ne peut pas attribuer à un dispositif matériel. Je peux accepter que mon ordinateur soit capable de parler, d'aligner des mots les uns à la suite des autres et d'écrire à ma place ce texte que j'écris. Mais je n'arrive pas à me convaincre que cette machine puisse être capable de saisir le sens des mots de la même façon que moi. Il me semble que la notion que j'ai, ou que nous avons, de la matière nous interdit de prêter à un dispositif matériel, notre corps-machine ou notre ordinateur, une expérience du sens telle que la nôtre.

Je refuse donc d'être réduit à une machine au sens d'un corps machine. Mais je ne crois pas que ce soit ce que Watson voulait dire, lorsqu'il me comparait à une machine à raisonner. Une machine à raisonner, il suffirait d'une machine mentale, logée dans un corps humain. Je n'y vois pas d'impossibilité seulement une certaine obscurité. A la réflexion, que seraient ces états mentaux, ces états intérieurs de mon esprit mécanique ? Quelle en serait la nature ? Je ne sais pas de quoi, de quelle sorte de matière, est faite ma pensée ou ce qui me fait penser. Je ne sais pas non plus si l'on peut y distinguer des états bien définis, comme les positions d'une série d'interrupteurs, ouvert, ouvert, fermé... En tout cas, si je me reconnais des états intérieurs avec une étoffe propre, je retombe dans un dualisme, je me décris comme un corps, d'une certaine nature, lié à un esprit d'une autre nature, d'une autre étoffe. C'est-à-dire une âme, une substance distincte du corps et que l'on pourrait déplacer d'un corps à un autre. Cependant, si j'identifie l'état intérieur, de cette machine mentale qui représente-rait mon esprit calculateur, à l'état de mon cerveau, je retombe dans un matérialisme, avec de la matière qui pense toute seule. Un matérialisme qui me semble aussi peu vraisemblable que le dualisme des substances. En même temps, il faut bien avouer que je pense ou que j'ai des pensées, et celles-ci pourraient constituer quelque chose comme l'état intérieur d'un esprit-machine.

Je ne m'en sortirai pas. Je suis détective, dans ce monde, je ne fais pas de métaphysique. Je laisse de côté ces questions sur la nature du mental, la matière de la pensée. Admettons qu'il existe des états mentaux, il faut alors considérer soigneusement ces deux propriétés qui, seules, feraient de l'enchaînement de mes pensées un véritable mécanisme et permettraient de décrire mon esprit comme une machine, une machine mentale. La première chose à vérifier est que le nombre de mes pensées possibles, de mes états intérieurs est fini. Je dois dire que je ne vois pas comment je pourrais décider de cette proposition, l'avérer ou la réfuter. Comment pourrais-je compter mes propres états intérieurs, en incluant ceux par lesquels je ne suis encore jamais passé mais qui restent des possibilités ? Et cela alors que je n'ai pas réussi à comprendre ce que c'est qu'un état mental. Ce dénombrement introspectif me semble tout à fait hors de portée. Mais je ne crois pas qu'il ait trop d'importance. Les agents de la bibliothèque parlaient déjà de ces choses. Si j'admettais que mes états intérieurs sont en nombre infini ou qu'il en existe une variété incalculable, cela ne ferait de moi qu'une machine plus complexe, une machine infinie comme celle de la bibliothèque. Cet appareil qu'est mon esprit resterait une machine, une machine mentale, qui disposerait seulement d'une puissance plus grande, de possibilités plus étendues que les machines au sens usuel. C'est la seconde propriété, le déterminisme de la pensée et de l'action, qui caractérise vraiment les machines. Cette seconde propriété, je le répète, est que mes actions ne dépendent que de mon état intérieur et des données dont je dispose. Autrement dit, il n'y a ni hasard, ni véritable choix ou décision arbitraire. Dans les mêmes circonstances, c'est-à-dire disposant des mêmes données, et dans le même état intérieur, je fais la même chose.

Or l'une des hypothèses que j'ai adoptées pour expliquer ma situation est que ce monde est régi par l'histoire de mes propres aventures. Ce sont ces romans policiers auquel je pense sans cesse et qui, dans ce monde, sont vrais. Ce monde rend vraies les aventures de Sherlock Holmes, telles, à peu de chose près, qu'elles ont été racontées dans le monde humain. Il faut donc bien que mes actions, à moi Holmes, soient déterminées. Je n'aurai pas le choix, je devrai me trouver à tel endroit à telle heure pour accomplir telle chose, qui est prévue dans le texte. Bien sûr, je suis autonome. Personne ne va me contraindre, de l'extérieur ou par la force, à me rendre là où je dois me trouver. C'est moi-même, dans le fil naturel de mes pensées, qui déciderai d'aller là où il est écrit que je vais. C'est donc que l'enchaînement de mes pensées, de mes actions, est soumis à un déterminisme rigoureux, comparable au mécanisme d'une horloge, qui ne laisse aucune place à ces choix arbitraires ou à ces hasards de l'existence humaine. Le fait même que, tout en restant autonome, libre de toute contrainte extérieure, je puisse être enfermé dans ce monde dont l'histoire est déjà écrite, joue en faveur de cette nouvelle hypothèse : l'enchaînement de mes pensées a un caractère mécanique.

Disons donc que Watson a raison dans son diagnostic et que je suis une machine mentale, un automate spirituel. Mon esprit est un certain dispositif susceptible d'un certain nombre d'états internes dont j'ignore la matière, ou la nature, mais qui s'enchaînent d'eux-mêmes et commandent mes actions selon des lois, un mécanisme en fait, rigides. La seule chose que Watson n'a pas comprise est que lui-même est, tout autant que moi, une machine mentale. Nos destins, à nous tous qui vivons dans ce monde, sont déjà écrits. Pour qu'ils puissent être respectés, il faut, je crois, que nous soyons tous, Watson, Irène et moi, des machines, agissant selon nos propres lois, c'est-à-dire comme on nous a programmés : nos pensées, nos actions ont été calculées à l'avance et consignées dans ce texte.

Je dois dire que cette perspective n'est guère satisfaisante pour moi. L'histoire que j'ai dans la tête, je ne pourrai pas la changer. Or je comprends l'antipathie immédiate que l'on me prête à l'égard de mon client, le prince de Bohème. Irène est son ancienne maîtresse, qu'il quitte pour épouser une femme plus fortunée. Moi, qui ne suis pas homme à faire une chose pareille, je la croiserai, puis elle s'enfuira pour m'échapper et je ne garderai d'elle qu'une photographie. C'est vrai, je peux cet après-midi lui proposer de partir avec moi, lui expliquer la situation, les risques que nous courons et, finalement, tenter de l'enlever à ce destin. Il n'est pas même exclu que je l'épouse. Je sais maintenant que nous avons rendez-vous dans une église à l'heure du déjeuner. Evidemment, je ne raconterai pas l'épisode de cette façon à Watson, qui, attaché comme il l'est à nos traditions, ne comprendrait pas que je ne l'aie pas prévenu. Mais ce mariage ne serait qu'un épisode omis dans le texte du futur et que j'insèrerai de mon propre chef entre deux paragraphes. Il ne changera rien à la suite, à la lettre du texte du moins. Peut-être que l'on peut en modifier le sens, la portée, mais la lettre est déjà établie. Si je suis une machine enfermée dans ce monde et si Irène l'est aussi, le déroulement de notre pensée, les actions auxquelles nous serons amenés sont fixées et, quoi qu'il se soit passé entre les paragraphes du futur, ceux-ci auront lieu comme il est prévu, nous ferons ce que nous devons faire, de nous-mêmes et sans contrainte. En dépit de toutes ses promesses, Irène réalisera demain qu'elle doit partir, qu'elle veut partir, et elle me laissera seul, avec sa photographie. Elle restera pour moi le sujet d'une image, ma compagne de l'image, sauf que, dans cette histoire, je resterai, moi, une machine.

Ces réflexions me poussent encore une fois à quitter ce monde, pour retrouver ma compagne ailleurs, dans un autre monde où nous ne serons plus Sherlock Holmes et Irène Adler. Il y a aussi, je dois dire, le récit de ma propre mort que je peux contempler dans le texte du futur. La cause de ma mort sera la force même de mon esprit, sa puissance déductive. J'ai, c'est-à-dire ce Holmes que je suis a une curieuse faculté, celle de pouvoir reproduire l'enchaînement des pensées de n'importe quel individu. Il suffit que je connaisse la personne ou que l'on me donne une caractéristique psychologique, suffisamment complète, et un point de départ. Je suis alors capable de retrouver les pensées qui viennent à cet individu. Je réussis à suivre sa pensée, comme elle se déroule dans son esprit, et à la revivre donc. Ainsi, connaissant Watson et le voyant lire son journal, je m'attache à sa pensée et je peux lui annoncer exactement ce qu'il pense maintenant ou ce qu'il pensera dans un quart d'heure, une demi-heure, une heure. Je suis une machine universelle, capable de penser comme n'importe quelle autre machine, dans ce monde où nous sommes tous des machines. Evidemment, c'est cette faculté, ce don de l'imitation, qui me permet de résoudre les problèmes que mes clients me proposent. Je me mets à la place de chacun des protagonistes, je pense ce qu'ils ont pensé et je sais comment ils ont agi. C'est pourtant cette universalité qui me perdra.

Un jour, je rencontre un autre moi-même, le professeur Moriarty qui possède ce même don mais se consacre au crime comme moi à la justice. Nous menons l'un contre l'autre un long combat qui ne peut avoir d'issue heureuse, ni pour l'un, ni pour l'autre. Je réunis suffisamment de preuves contre lui, la police le poursuit mais lui-même me prend en chasse. Alors je fuis vers la France. Nous prenons un train pour Douvres avec Watson. Moriarty nous voit partir, il affrète un express, qui roule à notre poursuite. J'apprends que notre train fait un arrêt en gare de Canterbury, à midi. Je sais que Moriarty est derrière nous. Evidemment, il se demandera si nous sommes descendus à l'arrêt ou si nous sommes restés dans le train, roulant vers Douvres. Il se mettra à ma place, avec cette faculté qu'il a lui aussi, il parcourra la suite de mes pensées, pour déterminer, si, finalement, je décide de descendre ou de rester dans le train. Ma seule chance de lui échapper est de faire ce que je ne ferai pas, de faire l'autre choix, celui que, moi Holmes, je ne ferai pas. C'est impossible mais je tente l'expérience. Je me connais moi-même, je connais ma propre psychologie. Je peux donc moi-même refaire le cheminement de mes pensées depuis un point arbitraire, hier même heure disons, jusqu'à maintenant, puis calculer la décision que je m'apprête à prendre et faire le contraire, descendre si je reste et rester si je descends. Il est presque midi, nous allons arriver en gare. Je commence donc à m'imaginer moi-même, je réussis à dérouler à nouveau le fil de mes pensées depuis vingt-quatre heures, je prends de l'élan, puis j'arrive à ce moment où nous sommes, le train entre en gare, et je m'aperçois que je décide de faire ce que je ne ferai pas et que, pour cela, je commence à m'imaginer moi-même, donc un autre moi-même sur vingt-quatre heures. Inévitablement donc, suivant le fil de mes pensées, je reviens à nouveau en arrière, hier même heure, et je repasse sur ces vingt-quatre heures, beaucoup plus vite cette fois-ci, parce que le temps presse. Mais, toujours, mes pensées me conduisent à ce moment où j'ai décidé de m'imaginer moi-même hier même heure, et je repars en arrière, et je parcours encore cette journée, toujours plus vite pour arriver à une décision, avant que midi ne sonne à l'horloge de la gare.

Cette boucle que j'ai nouée dans ma pensée, je ne peux pas en sortir. Je tourne de plus en plus vite mais cela n'a pas de fin. En fait, je n'atteins jamais midi. Il y a un continu d'instants, une infinité indénombrable, qui précède midi pile. Une seconde avant midi, je suis un jour en arrière, et, à la vitesse de l'éclair, je survole ces vingt-quatre heures, j'atteins de nouveau ce point de rebroussement. Il reste une demi-seconde avant midi et je suis ramené en arrière et je reviens deux fois plus vite ; un quart de seconde avant midi mais je peux toujours penser deux fois plus vite encore ; un huitième de seconde avant midi, un seizième, un trente-deuxième… Midi ne sonnera jamais pour moi. Au fond, il y a autant d'instants dans la seconde qui précède midi que dans toute l'éternité et, cette éternité, qui précède midi, je la passe à parcourir indéfiniment la même boucle, revivant la même suite de pensées.

Il est vrai que le temps passe pour Watson à côté de moi et que lui entendra sonner midi, mais il faut que, à midi, Watson me trouve mort à côté de lui. Il lit le journal et, quand l'heure sonne, il se tourne vers moi, il remarque ma pâleur, mon regard fixe, je suis mort à midi pile, après avoir vécu une éternité à répéter dans le même ordre les mêmes pensées. Il n'est pas possible que midi me surprenne dans mes pensées, assis à ma place, car cela signifierait que, de fait, j'ai choisi de rester dans le train et de ne pas descendre alors que je ne peux rien choisir, si je dois faire ce que je ne dois pas faire. La seule consolation est que Moriarty disparaît avec moi, puisque, lui-même, qui me suit dans mes pensées, se trouve pris dans la même boucle. Une fois engagés dans cette boucle, nous ne pouvons plus ni enjamber ces quelques instants qui nous séparent de midi ni nous arrêter : le fil de nos pensées nous conduit inévitablement à ce point de rebroussement où nous repartons en arrière de vingt-quatre heures.

Je crois me souvenir que ma mort n'est pas tout à fait racontée de cette façon dans le monde humain. C'est le seul point, il me semble, sur lequel l'histoire que l'on connaît dans le monde humain diffère du texte dont je dispose. Dans ce texte également, comme dans les romans du monde humain, je réapparais après ma mort. Un soir, trois années ont passé depuis ce funeste épisode, je sonne chez Watson. Watson, évidemment, est stupéfait en me voyant, mais c'est un homme de bon sens, il se dit qu'il a dû se tromper dans le train en me déclarant mort. Je crois pour ma part que son diagnostic était juste et que je disparais ce jour là dans la contradiction. C'est un autre Holmes qui revient à ma place poursuivre ces aventures. Je ne vois pas comment je pourrais me sortir de cette boucle, je reste prisonnier dans cette éternité qui précède midi.

On comprendra, en tout cas, que je veuille fuir ce monde. Mon avenir, mes aventures de détective peuvent être écrites à l'avance, cela ne m'empêchera pas de tenter de quitter ce corps, cette identité, pour regagner le monde humain. Je suis prêt à laisser ce corps vide pour qu'un autre Holmes vienne l'occuper si cela le tente, et s'il réussit à s'y installer. Peu importe, il faut que je trouve un moyen de sortir de ce monde mécanique. Le problème est que je n'ai aucune idée de la relation que j'entretiens, ou que ce monde qui m'entoure entretient, avec le monde humain. Je ne sais pas dans quelle direction chercher le monde humain, ni à quelle distance j'en suis. En fait, il n'est pas exclu que je sois déjà dans le monde humain. Je dispose d'un corps humain, je vis à Londres et, en ce moment, je fume ma pipe dans ce salon bourgeois. Ce pourrait déjà être le monde humain. Il y a des arguments pour étayer cette hypothèse. Je prends un exemple. Je dis, comme je le signifiais il y a un instant : « Les aventures de Sherlock Holmes, celle que tu as dans ta bibliothèque, sont mensongères, ma mort y est défigurée ». Il est évident que je parle du livre que tu peux lire dans le monde humain et non pas d'un livre qui se trouverait dans un autre monde, un monde imaginaire que j'habiterais, moi Holmes. Or, pour parler ainsi des choses humaines, pour en avoir connaissance, il faut bien que je sois dans une certaine relation avec elles et, par conséquent, que je me situe déjà dans le monde humain ou dans une proximité immédiate au monde humain. Pourtant, je sais que l'on n'a jamais rencontré Sherlock Holmes dans le monde humain. On ne l'a jamais vu se promener dans Londres avec le docteur Watson comme je suis censé le faire.

Je ne sais pas comment sortir de ce dilemme. Pour connaître les choses humaines, je dois entrer en contact avec elles, en contact même avec les hommes et, pourtant, eux ne se reconnaissent pas en contact avec moi. Ils disent qu'ils ne me voient pas et, de fait, ils m'excluent de leur monde. Il faudrait que je sois caché dans quelque recoin d'où je puisse observer le monde humain, sans moi-même être vu. Je ne comprends pas. Les figures de peinture, elles aussi, connaissent les choses humaines et en parlent entre elles. Seulement, elles sont bien logées dans des tableaux d'où elles observent le monde humain et où les humains peuvent les voir. Où suis-je, moi ? Je ne suis pas dans un livre comme une figure de peinture dans son tableau. Je n'ai qu'à regarder autour de moi. Je suis dans un salon, au milieu de Londres. Ce n'est pas un livre.

Il ne reste qu'une seule possibilité. Si je dois résider dans le monde humain, ou à proximité, et si on ne m'y a jamais vu, c'est que je suis invisible, invisible aux humains du moins. Ce salon, dans lequel je fais les cent pas, doit appartenir au monde humain. Derrière les fenêtres, c'est bien ce Londres de la fin du XIXe siècle. On a peut-être menti sur mon adresse exacte mais je vis réellement dans le monde humain. Seulement je ne suis, pour les humains, qu'une voix, qui est consignée dans les livres et qu'on entend quand on lit. Ce n'est qu'entre nous, personnages de livres, avec Watson, avec Irène, que nous pouvons nous voir et nous toucher. Pour les humains, nous restons invisibles, insaisissables, rien que des voix. Les figures de peinture ont une visibilité et doivent emprunter leur voix, j'ai une voix, il ne me reste qu'à emprunter une visibilité, une apparence que les humains pourront percevoir.

L'idée que je suis déjà dans le monde humain, me remplit d'abord de joie. Je pense à m'approcher de la fenêtre, à me montrer, à parler aux gens dans la rue. Mais cela ne servira à rien. Les passant eux ne me verront pas. Ils ne se douteront même pas que je les observe derrière cette fenêtre vide. Pour eux, il n'y aura rien, pas même une ombre, une silhouette qui écarte un rideau. Je suis seul, pire que les figures de peinture dont les humains savent qu'elles regardent au dehors. Moi, je déambulerai dans Londres, au milieu de la foule, mais absolument insaisissable. Je pourrai voir, écouter, mais jamais me montrer. Seuls me reconnaîtront d'autres personnages du même livre, prisonniers de la même histoire et invisibles eux aussi. Je me demande si Watson sait qu'il est invisible aux passants qu'il croise. Vraisemblablement, il s'est aperçu de quelque chose.

Je suis donc enfermé dans un certain secteur du monde humain. Je ne peux pas me mêler aux humains, je ne jouis que d'une existence fantomatique. Et, évidemment, je reste soumis à ce texte que j'ai dans la tête et qui décrit mon futur, l'histoire avec Irène, ma mort. Je commence aussi à avoir une autre inquiétude. Cela fait un certain temps que je suis là, combien de temps, je ne sais pas. Mais ce texte, le texte de mes aventures, m'indique que je dois me trouver dans une église, surveillant Irène, vers midi. Or si mes hypothèses sont bonnes, mon esprit est tel que, par son seul mécanisme, je devrais décider de me lever, m'habiller et sortir retrouver Irène. Je ne sens pas du tout ce mécanisme se mettre en place. Je n'ai pas l'impression que je m'apprête à sortir. Pourtant, je suis sûr de mes hypothèses. Ce qui m'inquiète, ce n'est pas qu'elles soient fausses et que mon esprit ne soit pas cette machine qui agit toute seule, selon un programme fixé. Je me demande plutôt si je ne suis pas déjà pris dans une sorte d'éternité qui précède midi et dans laquelle Holmes, ou un Holmes, peut disparaître. Je n'entends plus les voitures à cheval. Tout dans la pièce est immobile. Je ne sais pas à quelle vitesse passe le temps. Ma pensée a pu s'emballer, de plus en plus rapide, et le temps ne passe plus. Je fais du surplace dans le temps et je ne sortirai jamais de cette minute. Ce serait idiot de finir de cette façon alors que j'ai regagné le monde humain.

C'est le fait de penser à ce récit de ma mort, de la mort de Holmes, qui m'a donné ces inquiétudes. Il me vient une autre idée. Holmes est une machine universelle. Il peut suivre les pensées d'un individu, dont il connaît les caractéristiques psychologiques. Il pourrait donc également imaginer les pensées que quelqu'un, quelqu'un comme moi, aurait en se réveillant brusquement dans ce corps.

Mais c'est bien ce qui se passe, je le comprends d'un seul coup. Je ne pense que dans l'esprit du détective et avec la psychologie qu'il m'attribue. Il a entendu parler de moi dans la bibliothèque, en rêve peut-être, je ne sais pas. Il s'amuse, avant de sortir voir Irène, à m'imaginer à sa place, et il déroule le fil de mes pensées, il les revit ou, plutôt, il leur donne vie. Je ne suis qu'un fil de pensées dans l'esprit du détective. Cela explique, sans aucune hypothèse métaphysique, que je me réveille dans son corps. Je peux être déjà mort dans la bibliothèque, suite à une erreur de programmation disons, et je n'existe plus que comme une imagination, une suite de pensée, dans l'esprit de Holmes.

Je ne sais pas pourquoi je n'y ai pas songé plutôt. Je me demande si Holmes peut m'arrêter, interrompre ce fil de pensée, m'éteindre en quelque sorte. Je ne le crois pas. Chaque pensée en appelle une autre, et le détective, s'il suit une pensée étrangère, est lui-même prisonnier d'un mécanisme qu'il ne contrôle pas. Il n'a plus la liberté de décider d'interrompre ce jeu pour penser à autre chose. La prochaine pensée, c'est la mienne, celle qui fait suite à la précédente. Holmes, lui-même, doit attendre que ce mécanisme s'arrête. Il peut, sans doute, accélérer le cours de mes pensées par rapport au temps extérieur, au temps du monde, condenser toute ma vie dans l'intervalle d'une minute mais non l'interrompre.

Je comprends alors que c'est un jeu dangereux que joue Holmes. Il n'y a pas d'autre présence que la mienne dans ce corps. Il n'y existe plus qu'une suite de pensées que je suis et que personne ne contrôle. Or je peux aussi bien décider que ce n'est pas Holmes qui m'imagine mais moi qui imagine Holmes m'imaginant. Quelle différence cela fait ? Je suis moi-même une machine universelle, et ce fil de pensée qui se déroule en ce moment, c'est moi imaginant Holmes m'imaginant. C'est vrai, je suis dans le corps de Holmes, avec ces jambes trop grandes qui me font trébucher quand je fais les cents pas, ce visage qui me surprend toujours lorsque je croise son regard dans la glace. Mais je m'étends sur le canapé, je ferme les yeux, est-ce qu'il vient de ce corps des sensations assez nombreuses et suffisamment précises pour indiquer où je suis et qui je suis ?

J'ouvre les yeux, une porte vient de claquer. J'ai l'impression de m'être seulement endormi quelques instants alors que j'ai changé d'univers. Je suis étendu sur le canapé dans la même position, la tête appuyée sur l'accoudoir. Mais il fait sombre. Les rideaux oranges, à la fenêtre en face de moi, sont tirés, soigneusement, et ne laissent passer qu'un peu de jour. Je retrouve le tableau hollandais sur le mur à ma droite, la glace au-dessus de moi. J'entends la rumeur de la rue, des coups de klaxon, des moteurs au pas, quelque chose comme un embouteillage.

Aucun bruit dans l'appartement. Je laisse passer quelques minutes. J'ai mal à la tête, le cou endolori quand je me redresse.

Il me semble que je suis seul. Mes vêtements sont en tas au pied du canapé. Je me lève. Dès que je bouge, tout le coté gauche de la tête me lance. Je pourrais dessiner la carte des nerfs et des veines qui irriguent mon cerveau. J'ai retrouvé un corps tout humain.

J'inspecte l'appartement, deux pièces qui donnent sur la rue, le salon où j'ai dormi et une chambre. La fenêtre de la chambre est fermée par les mêmes rideaux oranges. Le lit n'a pas été défait. C'est-à-dire le lit est fait et je ne vois pas pourquoi on l'aurait refait dans la pénombre.

Je passe dans la salle de bain, espérant trouver quelque chose pour ma tête, dans le placard au-dessus du lavabo. Je remarque dans la glace mon visage fatigué, les yeux rouges. Le placard est vide. Sur le lavabo, il y a un verre avec des traces de dentifrice. C'est tout.

Je reviens dans le salon, le couloir conduit à la cuisine. Il n'y a pas de volet. La fenêtre donne sur une cours d'immeuble aux murs gris, avec du ciel bleu au-dessus des toits. Il fait très clair dans la pièce, anormalement même. Les murs sont blancs et tout semble neuf, le frigidaire, la cuisinière, la machine à café sur la table, comme dans un appartement à louer que l'on visite. Je commence à ouvrir les placards. J'entends des pas sur le palier, des pas qui s'éloignent. Quelqu'un descend l'escalier.

Il n'y a aucune de ces choses que l'on garde et que l'on oublie, les boîtes de conserve, un paquet de riz ou de pâtes. Je trouve seulement de quoi manger pour le petit-déjeuner, du café, des biscottes et, dans le frigidaire, du lait, de la confiture et ces comprimés que je cherchais dans la salle de bain. La bouteille de lait n'a pas été ouverte.

Je prends deux comprimés avec un verre d'eau, je mets en route la machine à café. Je reviens dans le salon. J'ouvre les volets, je referme la fenêtre, la rue est bruyante. C'est une rue commerçante, les livreurs sont stationnés sur le trottoir, les voitures klaxonnent derrière, il y a un passant qui insulte un taxi.

Le tableau au mur est bien celui que j'avais devant moi dans la galerie, un tableau hollandais de l'école de Delft. Une femme tournée vers la fenêtre, qui tient un verre, et, plus loin, deux hommes attablés. On ne voit pas son visage. Pourtant, elle est vivante. Je regarde mieux. J'ai l'impression qu'elle est consciente de ma présence, bien qu'elle ne bouge pas. Je me souviens de la façon dont on se nourrit dans le monde des images. Je m'éloigne.

Je sais pourtant que le tableau est vide. Je n'ai plus de compagne dans les images.

Dans la cuisine, mon café est prêt, je mange un peu en me demandant ce que je vais faire. La chercher ? Je n'ai aucune idée de l'endroit où elle a pu aller. Je n'arrive pas même à me rappeler son prénom. Irène, ce n'était que dans Sherlock Holmes. Ici, je n'ai aucun moyen de la retrouver. Elle n'habite peut-être même pas là. Je suis persuadé qu'elle ne reviendra pas.

D'autre part, je comprends bien que rien ne m'assure d'être revenu dans le monde humain. Admettons que je sorte de la bibliothèque du vrai, bien que m'étant pour un moment incarné dans ce détective invisible. Je ne vois pas pourquoi la bibliothèque du vrai ouvrirait sur un monde unique. Elle ouvre, c'est évident, sur une infinité de mondes. Il suffit que l'on puisse dire de chacun la même chose. Il y a des mondes identiques mais numériquement distincts. Il y a aussi des mondes qui ne se distinguent que par la lumière, quelques mouvements aléatoires, indescriptibles. Peut-être enfin des mondes différents, des mondes qui ne sont pas faits de la même matière mais dont les différences ne se marquent pas dans des caractères définis. Les différences, entre ces mondes, ne s'expriment pas en mots, dans le langage, et, par consé-quent, la bibliothèque s'applique également, indistinctement, à ces mondes infinis. En poussant le raisonnement jusqu'au bout, il est statistiquement infiniment peu probable que je sois retombé dans le même monde que celui que j'ai quitté.

Bien sûr, j'ai rêvé cette nuit. Cela ne fait pas de doute. Mes aventures ont la texture des rêves, avec des personnages récurrents, des éléments de la veille, le tableau, la bibliothèque. Mais cela ne signifie pas que ce que j'ai vécu ne se soit pas passé. On vit, on vit réellement ce dont on rêve. J'ai réellement traversé le monde des images, la bibliothèque du vrai. Cela me fait penser à ce dessin que j'ai trouvé hier. Je dis hier, cette nuit, en supposant que je sois revenu dans le même monde et qu'il ne se soit pas écoulé plus d'une nuit depuis que je l'ai quitté.

Dans le monde humain, le monde d'où je viens, je travaille dans une bibliothèque sur les papiers d'un logicien. C'est sa femme qui les a légués à la bibliothèque. Ils étaient restés dans son bureau, sa femme ne les avait pas touchés et ils ont seulement été mis dans des cartons, comme on les a trouvés. Je lis, j'essaye de repérer des dates, je cherche un fil directeur dans la pensée du logicien. Je ne sais pas bien ce que je cherche en fait. Mais, hier, en fin d'après-midi, je suis tombé sur ce dessin, au dos d'une page. Un profil d'homme avec, à l'intérieur de la tête, appuyée contre la ligne du crâne, un visage de femme comme une demi-lune qui le surveillait. Ce serait presque un présage de mes aventures, dans le monde des images surtout. Ou une sorte de message que me lançait le logicien. Je ne me souviens plus s'il y avait quelque chose écrit sur la feuille, à côté du dessin lui-même, une légende ou une indication.

Mon mal de tête est un peu retombé. Je vais dans la chambre, j'ouvre l'armoire, il y a bien des vêtements, des vêtements de femme, apparemment aucun vêtement d'homme. Donc elle habite là et elle habite seule. Je reviens dans le salon. Je m'assieds sur le canapé. Je me sens mal à l'aise dans cet appartement qui n'est pas le mien, pas inquiet ni vraiment curieux. Je vais ouvrir la fenêtre pour fumer une cigarette. Elles sont restées sur la table, avec le briquet, là où je les ai laissées.

Cette cigarette est désagréable. Elle me rappelle mon mal de tête. Il faut dire aussi que les klaxons dehors redoublent, les murs de la pièce tremblent, un bus doit tenter de passer dans la rue, entre les voitures et les camionnettes arrêtées sur le trottoir. En fermant les yeux, je pourrais me croire dans le bus. Sauf qu'il y aurait moins de bruit. Il me semble que je commence à comprendre. Jamais les voitures n'ont fait autant de bruit dans le monde d'où je viens. Je me souviens aussi que, tout à l'heure en ouvrant la fenêtre, j'étais surpris par la façon dont les gens marchaient dans la rue, leurs mouvements rapides entre les voitures, saccadés presque. Ce ne sont pas des hommes. Il n'y a que des machines ici. Je suis tombé dans un monde gouverné par des machines, un monde de machines et de vampires. Les hommes ont été remplacés par des machines, et ce sont sur ces machines que les vampires qui sortent des images s'installent. Je suis sans doute le seul humain. Je ne suis pas un vampire, puisque je viens de manger. Mais, comme eux, je suis sorti d'une image et je me retrouve là, dans ce monde de machines.

Je ne suis pas une machine non plus. J'éteins ma cigarette. Je m'aperçois que j'ai les mains moites. Je ne pourrai pas toujours rester enfermé ici. Il faudra bien que je sorte.

Je suis convaincu que ce monde de machines est identique au monde humain d'où je viens. C'est une reconstruction qui en est presque indiscernable. Cet appartement est le même que celui que j'ai quitté au début de mes aventures. La rue, en bas, a tous les caractères d'une rue parisienne. La seule différence, c'est que les hommes ont été changés en machines. Je ne parle pas de machines mentales mais de véritables machines, qui ressemblent aux humains à s'y méprendre. Il ne servirait même à rien de regarder leur intérieur, de les passer aux rayons X. On a pu inventer un moyen de synthétiser la matière organique, d'assembler des organes et de mettre ces corps en mouvement. Ces corps machines pourraient être identiques aux corps humains et, pourtant, je sens, au bruit de la rue, aux coups de klaxon, aux ronflements des moteurs qu'il n'y a dans ce monde que des machines.

Je fais donc l'hypothèse que ce monde des machines est identique au monde humain que j'ai quitté. C'est le même Paris peuplé de machines. J'ai d'abord l'idée d'aller au Louvre chercher ma compagne de l'image, en supposant que celle-ci soit sortie quand j'ai entendu claquer la porte. J'y renonce tout de suite. Je connais maintenant les secrets des figures de peinture. Elle peut, c'est évident, changer de corps, en emprunter de nouveaux, et je ne suis pas sûr de la reconnaître dans un corps différent, bien que sa présence soit sans doute sensible à quelque chose dans le visage, une voix intérieure peut-être. Mais, surtout, elle n'a pas de raison de traîner dans les musées, puisqu'elle possède elle-même un tableau qui lui permet d'entrer et de sortir, depuis le monde des images. Je pense même que les figures de peinture, lorsqu'elles sont dans le monde extérieur, cherchent plutôt à s'éviter.

Je pourrais aussi essayer de rentrer chez moi. En même temps, je ne sais pas ce qu'est devenu mon appartement dans ce monde de machines. J'imagine que, si ce monde est identique au mien, je retrouverai la rue, l'immeuble, la clé entrera dans la serrure et ouvrira la porte. Mais qu'est-ce que je découvrirai ?

Un autre moi-même devenu machine ou un appartement inoccupé. Je préfère ne pas tenter l'expérience. Il me semble que je suis plus en sécurité dans les lieux publics. Il n'y a pas de raison que les machines me soient hostiles. D'autant plus que, vraisemblablement, personne ne se rendra compte que je ne suis pas une machine. Je me dis que je n'ai rien à craindre des machines.

Je décide d'aller à la bibliothèque. Je veux revoir ce dessin que j'ai trouvé hier. Il y a peut-être un indice là. Il me semble que ce dessin est au centre de mes aventures. Or je crois me souvenir d'avoir vu une phrase au bas du dessin, un nom peut-être ou plutöt une adresse. Ces lignes, qu'il me semble revoir dans ma mémoire, n'auront peut-être aucun rapport avec ce que je cherche, comme une adresse donnée au téléphone et que le logicien aurait notée au bas de ce papier sur lequel il dessinait, sans y penser. Mais cela vaut la peine d'essayer, ce serait un point de départ, si ce dessin existe dans ce monde.

Donc je sors. Ma veste est accrochée à la patère dans l'entrée. Un instant, j'ai peur que la porte ne soit fermée à clé. Mais, non, je pousse la poignée et la porte s'ouvre comme d'elle-même. Je suis sur un palier, sombre. Je descends l'escalier. En bas, j'hésite. Je traverse la cour, il y a une porte ouverte en face, le hall d'entrée, je trouve le bouton pour déverrouiller la porte de l'immeuble. Je me retrouve dans la rue, au milieu des machines.

Ce serait un beau jour au mois de mai dans le monde humain. La rue est animée, le soleil se reflète un peu partout, aux vitrines des commerces, sur les voitures qui démarrent. Il fait déjà doux, presque chaud. C'est le milieu de la matinée, l'heure des livreurs et des gens qui ne travaillent pas. Plus loin sur la gauche, on devine un square avec des marronniers verts qui dépassent dans la rue et l'enseigne d'un tabac. Ce Paris est vraiment identique au mien, sauf qu'il y a ce bruit assourdissant et que la lumière est anormalement claire. J'ai oublié mes cigarettes dans l'appartement. Je marche jusqu'au coin de la rue en me demandant pourquoi on fabrique des machines qui ne travaillent pas. On accepte ma monnaie et on me vend les mêmes cigarettes. Je regarde le paquet :

FUMER ENCRASSE VOS CIRCUITS.

Je dois quand même être prudent. Je reconnais le square, la bibliothèque n'est pas très loin. Je peux y aller à pied. Je prends des rues plus calmes. Les gens que je croise ont l'air humain mais j'évite de trop les regarder de peur qu'eux-mêmes ne me remarquent. Il me semble que je passe inaperçu.

En marchant, je commence à me demander si une figure de peinture peut vraiment se nourrir sur une machine. Je ne crois pas qu'une machine ait des sensations. Cela reviendrait à lui accorder une expérience du sens, une pensée si l'on veut, analogue à la nôtre. En même temps, il se passe des choses dans le corps d'une machine, il y a des mouvements, il y a peut-être des sensations que, elle-même, ne sent pas mais que peut saisir une figure de peinture qui s'y installe. Il faut seulement admettre que le corps d'une machine enferme des sensations sans personne qui les sent. Mais on admet bien que, de l'extérieur, les choses, comme ces arbres sous lesquels je marche, présentent des couleurs même lorsqu'il n'y a personne pour les voir. C'est pareil.

Je passe devant le bar *** et je me souviens maintenant que c'est là que je l'ai rencontrée, celle qui deviendrait ma compagne dans le monde des images. Je n'arrive toujours pas à retrouver son nom. Je prenais une bière en sortant de la bibliothèque. Nous avons discuté, elle a mentionné son tableau et m'a proposé d'aller le voir chez elle.

Je réalise aussi que je n'ai pas ma sacoche avec mes notes et ma carte de bibliothèque. Je me revois distinctement l'emporter en sortant du bar. Je l'ai donc oubliée dans l'appartement. Evidemment, je n'ai pas la clé, je ne peux pas y retourner.

Le gardien, à l'entrée de la bibliothèque, me reconnaît et me laisser entrer, sans ma carte. Je vais droit à la salle de lecture. La bibliothécaire qui nous surveille me dit bonjour. Je prends ma place habituelle, au fond sur le côté gauche. Il y a peu de monde, une femme qui vient tous les jeudi et recopie un manuscrit sur son ordinateur, un homme âgé, qui, comme moi, vient à peu près tous les jours. Aujourd'hui, il est fasciné par les fresques du plafond. Ce sont des personnages mytho-logiques, appuyés à une colonnade sur un fond de ciel bleu. Il y en a plusieurs avec les yeux fixés sur nous, d'autres qui regardent sur le côté. Je me demande s'ils peuvent descendre jusqu'à nous. J'ai presque envie d'avertir mon voisin. Je le connais un peu, à force de le voir tous les jours. Je ne lui ai pourtant jamais parlé et, maintenant, c'est peut-être trop tard.

Je reprends le carton avec les papiers du logicien que je regardais hier. Je retrouve le dessin. Il n'y a rien d'écrit, seulement ce visage d'homme surveillé de l'intérieur par cette femme dans le fond de son crâne. Je n'ai pas le courage d'entreprendre la lecture des feuillets qui suivent. De toute façon, je ne peux pas faire grand chose sans les notes qui sont restées dans ma sacoche. Je décide de retranscrire mes rêves de la nuit. Je demande à la bibliothécaire du papier et un crayon.

Elle a commencé à manger une barre au chocolat comme, chaque jour, en fin de matinée. Moi-même, j'ai l'habitude d'attendre qu'elle ait fini pour sortir fumer une cigarette. Ce qui me frappe, c'est que, si aujourd'hui je n'y allais pas, il n'y aurait personne pour fumer cette cigarette à ma place, et cela suffirait pour que ce monde de machines ne soit pas identique au monde humain. Cela ne va pas. Si ce monde était identique au mien, avec les mêmes personnes transformées en machines, je devrais y apparaître moi-même comme machine. J'aurais dû rencontrer mon double mécanique dans la salle de lecture et, maintenant, il devrait s'apprêter à fumer sa cigarette. J'y vais tous les jours. Je suis régulier dans mes habitudes. C'est que je suis moi-même ce double mécanique, ce qui signifie que je suis malgré tout une machine. Ou bien je suis revenu dans le monde humain, et mes métamorphoses de la nuit m'ont tellement transformé que je ne le reconnais pas.

C'est le moment d'aller fumer cette cigarette. Dehors, il y a des étudiants assis sur les marches qui discutent au soleil. Des étudiants ou des machines. Je suis persuadé que, dans un monde de machines, les machines pourraient parler entre elles. En même temps, je commence à douter de ce monde de machines. Je réfléchis que je suis descendu comme l'aurait fait mon double mécanique. Peut-être que si je remontais dans la salle sans fumer ma cigarette, cela suffirait à prouver que je suis dans le monde humain. Peut-être. Je prends quand même une cigarette. Je regarde mon paquet :

FUMER PROVOQUE LE CANCER DU CARBURATEUR.

Ce n'est pas possible. Je veux bien que ces avertissements, sur les paquets de cigarettes, changent d'eux-mêmes, à intervalle régulier. Mais ils devraient rester identiques à ceux du monde humain, si la même bibliothèque du vrai s'applique également à ces deux mondes.

Bon, je ferme les yeux, je respire et regarde à nouveau :
FEMMES ENCEINTES, NE FUMEZ PAS.
Je m'attendais à quelque chose comme cela. Il faut être sérieux.
Je suis revenu dans le monde humain.

De retour dans la salle de lecture, j'essaye de me rappeler aussi exactement que possible mes rêves de la nuit et mes impressions, dans le détail. Je n'y vois rien d'impossible, sauf l'histoire de la morsure dans l'appartement, chez elle. Elle a dû m'embrasser et j'ai construit toute la scène sur des impressions confuses. Je ne crois pas aux vampires qui sucent le sang. En revanche, je crois aux figures de peinture. Il suffit de regarder un portrait. La figure, devant toi, vit et te regarde à son tour. Elle ne peut pas vivre sans aucune sensation. Il faut donc qu'elle emprunte les tiennes et, si elle peut saisir les sensations de ton corps, elle peut aussi s'y installer et partir avec toi comme un parasite. En fait, nous sommes tous habités par les figures auxquelles nous nous identifions et sur lesquelles nous modelons notre comportement. Ce sont tous les personnages croisés au cinéma, dans les romans et sur les tableaux. Ils vivent en nous et nous agissons comme ils le veulent. Nous reprenons leurs gestes et leurs mots selon la situation. Nous faisons ce qu'ils feraient. Sans que nous le sachions, ils restent au fond de notre tête et nous dictent nos conduites.

Les figures de peinture sont donc les véritables vampires qui sortent de leur monde pour venir habiter parmi nous et vivre de notre vie. Je suis également persuadé de la réalité de la bibliothèque du vrai. Je crois que ce qui peut être dit de vrai, en mathématiques notamment, doit déjà être écrit quelque part. Au moins, ce n'est pas là quelque chose d'impossible, et je connais des philosophes qui ont développé des arguments pour défendre cette thèse. Il faudrait que je les retrouve.

La bibliothèque était peuplée par des agents qui n'osaient pas se demander s'ils étaient, ou non, des machines. Cela me semble plausible, bien que je ne croie pas que nous soyons des machines, de véritables machines. Il y a, dans notre expérience, quelque chose que nous ne pouvons pas prêter à une simple machine, comme une horloge, comme un ordinateur, un dispositif matériel quelconque. Il me semble que la notion que nous avons de la matière nous interdit de prêter à une machine quelque chose comme de la pensée. Néanmoins, nos corps peuvent toujours être considérés comme des machines, des machines non de métal mais de muscles et d'os. Nos corps sont des systèmes matériels, avec un nombre fini de pièces dans un mouvement régulier. Personne ne pourra jamais m'assurer que l'homme qui me parle ou qui travaille à côté de moi n'est pas une machine que l'on aurait placée là pour me tromper ou pour me surveiller. J'aurais pu tomber dans un monde de machines, comme je le croyais ce matin. Il aurait même suffi que tout soit semblable au monde humain, et j'y serais resté enfermé, je n'aurais peut-être jamais reconnu l'illusion. De l'extérieur, il n'y aurait aucune différence avec le monde humain où nous vivons. Et, au fond, je ne serai jamais absolument certain de n'être pas le seul homme dans un monde de machines, dans un monde de machines et de vampires.

Je ne dis pas que nous sommes l'union d'une machine, d'un corps-machine, et d'une figure de peinture, ou d'un vampire, installé dans ce corps-machine. Je crois seulement que nous ne pouvons pas décrire notre subjectivité. Ce en quoi nous sommes des sujets – sujets d'une expérience, d'une pensée –

notre être de sujet reste insaisissable. C'est un point d'évanouissement — je l'ai lu quelque part — qui se manifeste par ses effets mais se retire au moment où on le prend pour objet. Tout ce que nous pouvons faire alors, c'est nous comprendre à partir d'images, en nous identifiant à des objets extérieurs, à des figures imaginaires. Et, parmi ces identifications, il y a des identifications individuelles, comme celles qui installent en nous des figures de peinture, et des identifications sociales, comme celle qui nous donne un corps de machine. En ce sens, nous sommes des machines et des vampires. Ou, peut-être, nous sommes des machines et il y a des vampires.

Je sors déjeuner. Je retourne dans ce bar ***. C'est le même serveur. Il se souvient de moi, c'est-à-dire d'elle avec moi. Il n'a pas retrouvé ma sacoche. Je commande un croque-monsieur, une bière et un café, en terrasse pour observer les gens dans la rue. C'est un quartier où les gens travaillent dans des bureaux, des gens plutôt riches. Il y a aussi quelques touristes qui tirent des valises. Evidemment, j'espère un peu la voir passer, si elle rentrait chez elle à pied. Elle s'est bien arrêtée là hier soir. Bien sûr, elle ne vit pas dans son tableau. Les figures de peinture ne sortent pas dans le monde extérieur avec leur propre corps. Elles habitent seulement le nôtre. Elle, qui a son propre corps, est humaine et je l'ai seulement rêvée sur un tableau dans la galerie.

Néanmoins, plus j'y réfléchis, plus je me convaincs que cette dualité, être une machine et être un vampire, est inscrite au cœur de notre imaginaire. Dans cette mesure, chacun de nous la reconnaît et se repère par rapport à ce couple. La machine et le vampire sont les deux pôles, les deux figures à partir desquelles nous nous comprenons. C'est Frankenstein, d'un côté, et Dracula, de l'autre. Tu peux ne pas les aimer, ces deux compagnons, mais ils sont omniprésents dans notre imaginaire. Il faut donc bien qu'ils expriment quelque chose de notre situation. Regarde les livres et les films où apparaissent des robots ou des vampires. Pour chaque histoire de machines, il y a une histoire de vampire. Le visage que l'on donne au vampire importe peu, l'aristocrate aux longues canines, la figure de peinture. Le vampire, Dracula si tu veux, s'oppose à la machine, Frankenstein, et lui répond nécessairement.

Je dis que Frankenstein, la machine, est la figure que la science nous donne et dans laquelle notre société doit nous maintenir, tandis que Dracula, le vampire, rassemble tout ce qui de nous échappe à cette première représentation. D'un côté, parce que l'on veut nous réduire, de l'extérieur et par une contrainte sociale, à cette machine, Frankenstein est pour nous repoussant. Et, de l'autre, le vampire, que nous ne pourrons jamais être complètement, prend quelque chose d'attirant, en même temps qu'il reste le paria, hors-la-loi et dans l'interdit.

Tu sais à quoi on reconnaît un vampire. Il suce le sang, bien sûr, mais il y a un autre critère, qu'il vaut mieux connaître pour lui échapper : le vampire ne se reflète pas dans les miroirs. Or regarde. Nous sommes devant un grand miroir, que nous tendent ensemble les sciences et la société dans laquelle nous vivons. Nous nous y voyons comme des machines mais il y a derrière nous quelqu'un qui parle sans apparaître dans le miroir. C'est le vampire. La machine, dans le miroir, et le vampire, derrière nous, sont les images complémentaires à partir desquels l'homme, dans notre société, se comprend et se constitue.

Quand je parle de notre société, je veux dire la société industrielle et capitaliste, qui est née en Europe occidentale au début du XIXe siècle. Je le maintiens, ces figures complémentaires, la machine et le vampire, appartiennent en propre à la société capitaliste. Elles en expriment, dans l'imaginaire, la dualité essentielle. Evidemment, Frankenstein, le robot, figure l'ouvrier qui travaille à une machine et lui-même comme une machine, tandis que le vampire est l'image du rentier qui vit du travail de l'ouvrier. Cette double identification, du travailleur à la machine et du profiteur au vampire, traverse en particulier les textes de Marx. Je me souviens, par exemple, que « le capital est un travail mort qui, comme un vampire, ne vit qu'en se nourrissant du travail vivant [de l'ouvrier] ».

Cette opposition, machines et vampires, qui se constitue dans la littérature et aux marges des sciences, répond à la dualité de la société capitaliste, travailleurs contre profiteurs. Il faut aussi noter que les deux compères, Frankenstein et Dracula, apparaissent au même moment, au début de l'ère industrielle, presque le même jour en fait. C'est au début du XIXe siècle, sur les bords du lac de Genève. Il y a là les époux Shelley, Byron et son médecin Polidori. Il pleut, alors ils se racontent des histoires. Mary Shelley invente Frankenstein et, pour lui répondre, Byron imagine le vampire, cet homme sans attache, un aristocrate peut-être, et qui vit du sang des femmes qu'il rencontre.

Il n'y a pas de vampire, en ce sens, avant la nouvelle que publiera Polidori d'après l'histoire de Byron. Frankenstein et, disons, bien qu'il n'ait pas encore pris ce nom, Dracula, naissent au moment où commence la révolution industrielle, et l'accompagnent dans son développement, jusqu'à aujourd'hui. Ces images, dans leur opposition, comme celles des rêves selon Freud, signifient plusieurs choses en même temps. Elles fonctionnent sur différents plans : dans la fiction, littéraire ou cinématographique de façon évidente, dans la politique – le travailleur contre le profiteur –, aussi bien qu'en marge des sciences. Je prends l'exemple de la logique.

On nous apprend – c'est ce que l'on appelle la thèse de Turing – que toute tâche logique, c'est-à-dire tout calcul ou toute démonstration que nous pouvons faire, est susceptible d'être réalisée par une machine. Lorsqu'un homme accomplit une tâche logique, c'est-à-dire une tâche réglée ou dont les étapes sont définies par un programme fixé, comme une recette de cuisine, il se comporte comme une machine et, en réalité, *est* une machine. On ne peut pas s'assurer que la vie entière d'un homme, ou la suite des paroles qu'il prononce au cours de sa vie, n'est pas une telle tâche logique et ne suit pas une règle qui aurait été fixée à l'avance. On ne peut pas s'en assurer, parce qu'il faudrait pour cela l'observer pendant un temps infini. Or, malheureusement, on ne dispose que de temps finis dans le monde humain. La conséquence, d'abord, est que, pour le logicien, l'homme peut bien être une machine. On ne sait jamais. Néanmoins, le logicien peut également supposer, sans pouvoir donc le vérifier, que l'homme est capable de tâches illogiques, dépourvues de règles. Il admet alors que l'homme est une machine, quand il accomplit des tâches réglées, associée à un dispositif susceptible de transgresser toute règle fixée. Le logicien imagine ainsi une machine accouplée à ce qu'il appelle un « oracle ». L'oracle donne des informations nouvelles à la machine, qu'elle ne pourrait pas obtenir d'elle-même et que, en fait, aucune machine ne pourrait toutes obtenir. Mais ne me demande pas ce que c'est que cet oracle. Justement, on ne peut pas le définir, sinon de façon négative : tout ce que l'on peut dire de cet oracle, annonce le logicien, c'est qu'il n'est pas lui-même mécanique. Ce complément qui fait l'homme, si l'homme n'est pas une machine, échappe donc à la représentation logique. Il me semble que, par là, la logique rejoint la fiction littéraire. Dans l'imaginaire, ce reste, qui échappe à la représentation, qui échappe au miroir, n'est pas appelé un oracle mais un vampire. L'oracle, c'est le vampire qui parle à l'oreille de celui qui se voit dans le miroir logique comme une machine.

Maintenant, si nos figures imaginaires, la machine et le vampire, sont liées à l'état de notre science et de notre société, c'est qu'elles appartiennent en propre à notre époque. Il n'y a donc pas toujours eu des machines et des vampires. Il me vient alors une idée.

De toute façon, je suis déjà resté trop longtemps à la terrasse de ce café. Je paye mon déjeuner et me dépêche de retourner à la bibliothèque. Je rends les cartons avec les papiers du logicien que j'étudiais et commande à la place les œuvres de Descartes.

Il n'est pas question de chercher à deviner les images qui viendront après, les figures qui feront notre imaginaire à la fin de l'ère capitaliste. Je suis convaincu que, de quelque nature qu'elle soit, la révolution qui mettra fin à l'ère capitaliste (tout a une fin, comme on dit) s'accompagnera du démantèlement de notre imaginaire. On cessera d'écrire des histoires de machines et de vampires, on cessera d'être des machines et de craindre les vampires, on s'inventera d'autres figures. Peut-être a-t-on déjà commencé, qui sait ? Mais regardons de l'autre côté, en arrière. Il est possible de se faire une idée des figures qui opéraient à l'époque classique, avant la révolution industrielle. Je relis des lettres de Descartes. Je m'en souvenais bien de façon confuse, Descartes oppose toujours la figure de la machine à celle du fou. C'est explicite, il suffit de lire le texte. Descartes peut déjà considérer nos corps comme des machines, et demander si l'homme à qui il parle est, ou non, une machine. Et c'est toujours le personnage du fou qu'il invoque pour illustrer ce qui dans l'homme n'est pas mécanique.

Maintenant que j'y pense, il y a aussi Don Quichotte. Tu connais l'histoire. Don Quichotte, le fou, voit des moulins à vent, il les prend pour des géants, les ailes de moulins tournent comme les bras de géants qui lui feraient signe pour le provoquer. Don Quichotte attaque donc, puis il est emporté par l'aile d'un moulin et il se rend compte de son erreur : ce n'est pas un géant, rien qu'un moulin. N'empêche que c'est un fou qui montre que la machine, le moulin, n'est qu'une machine et ne sera jamais un homme, ni un géant. Sancho Panza assiste à la scène. Il est partagé et ne sait pas quel parti prendre : la machine ou le fou ? Doit-il se mettre du côté des machines, les moulins à vent qui sont propriété privée, ou de son compagnon de toujours, Don Quichotte le fou ? Il hésite et ne bouge pas : devant lui, se construit l'imaginaire classique, le face à face d'une machine et d'un fou.

Cet imaginaire n'est plus nôtre. Il me semble que le fou est passé du côté de la machine. La folie, par ses symptômes du moins, a quelque chose de mécanique. La folie est répétitive, elle a ses règles, ses lois, que l'on cherche à découvrir, pour soigner. Le fou, donc, est devenu une machine. C'est justement au moment où l'on renonce à emprisonner les fous et où l'on veut soigner que l'on commence à voir la machine dans le fou : « un automate ambulatoire ». C'est Charcot, l'aliéniste, qui le dit.

Les personnages, de notre imaginaire, ont donc changé. Le fou y a été remplacé par un vampire. Les machines ne sont plus les mêmes. La machine classique est un moulin dont les ailes ressemblent aux bras des géants, une machine qui imite le mouvement de l'homme, un automate de foire en quelque sorte. La machine moderne est une machine à raisonner, une machine à calculer, un ordinateur donc qui n'imite pas les gestes mais la pensée. C'est sans doute parce que les machines elles-mêmes ont évolué qu'elles n'ont plus le même comparse dans notre imaginaire. Je ne sais pas s'il y a une scène qui corresponde à la rencontre de Don Quichotte avec les moulins. Peut-être dans les aventures de Sherlock Holmes. Comme Sancho Panza, le docteur Watson est l'homme un peu effacé devant qui se joue la scène. Le détective est dans le rôle de la machine, la machine à calculer, et il garde avec lui un visage photographié, une figure de peinture donc. Il fréquente aussi d'autres vampires, j'en ai plusieurs preuves que je donnerai ailleurs. Ce n'est pas vraiment cela qui m'intéresse.

En admettant que, dans notre imaginaire contemporain, le vampire remplace le fou dans l'opposition à la machine, je me demande ce que deviendraient les textes de Descartes si l'on mettait effectivement des vampires là où apparaissent des fous. Il y a beaucoup de fous dans les textes de Descartes. Ils ont une fonction précise. Les fous, en effet, sont imprévisibles dans le système cartésien. Leur comportement, leur parole par exemple, ne respecte ni les règles de la raison, que le philosophe pourrait retrouver, ni la mécanique, la pure physique des corps naturels, que le savant pourrait calculer. C'est donc par excellence le fou qui trompe, et surprend.

Evidemment, le vampire ne pourra pas tromper de la même façon que le fou. Néanmoins, il garde, je crois, ce pouvoir de nous tromper. Le vampire, dans la littérature, est aussi la figure du désir, d'un désir dont la machine, le robot, est dépourvu. Le vampire est lui-même le sujet d'un désir inépuisable, et il est surtout le maître du désir de l'autre. Le vampire ne violente jamais ses victimes, il les séduit, c'est-à-dire infléchit leur désir. Avec ce pouvoir d'infléchir les lois qui règlent notre désir, ou peut-être de dérégler notre désir, le vampire, je crois, pourra nous tromper aussi profondément que le fou cartésien.

Avec nos vampires, nous ne rencontrons pas les mêmes problèmes que Descartes avec ses fous. Cela ne rend pas forcément impossible cette substitution, remplacer les fous par des vampires. En fait, si cette substitution réussit, c'est-à-dire si l'on réussit à obtenir un texte cohérent, elle prouvera, il me semble, que, en effet, notre imaginaire a changé et que le visage que nous donnons à ce qui en nous n'est pas mécanique, n'est plus celui de la folie mais celui du désir : le vampire.

*

Elisabeth vient d'une famille d'industriels hongrois. C'est de son grand-père, un magnat de la sidérurgie, qu'elle tient le tableau hollandais. L'époque communiste les a ruinés. Elisabeth essaye avec son frère, sans grand espoir, de récupérer le château de famille. En attendant, elle ne sait pas faire grand chose mais elle a vécu en Allemagne, en France, elle parle anglais aussi. Elle travaille comme interprète.

Quand elle a claqué la porte, me laissant seul dans son appartement, elle partait pour plusieurs jours, un colloque. Je ne l'ai revue qu'une semaine plus tard, dans ce même bar où elle venait me chercher et où je l'attendais. J'ai récupéré ma sacoche, avec mes notes, mais j'avais déjà commencé à écrire mes aventures de cette nuit-là. Je m'intéressais depuis longtemps à ces histoires de machines et de vampires. J'aurais peut-être dû préparer un essai, sur la littérature et la science. Mais je voyais dans le récit de mes aventures la possibilité d'établir la dualité de notre imaginaire, ce face à face des machines et des vampires, sans quitter l'imaginaire. Il me semblait que la meilleure façon de mettre en évidence ces figures de notre imaginaire, c'était de rester dans l'imaginaire et de montrer que cette opposition y fonctionne en effet.

Juillet-août 2004

compléments

Le texte qui précède entend défendre une thèse. Il suit une méthode réfléchie. S'il passe par la fiction, il constitue, dans mon esprit, un travail de philosophie. La thèse en est que l'imaginaire contemporain, qui parcourt la littérature comme les sciences, met en scène, parmi d'autres oppositions, un face-à-face particulier entre les deux figures de la machine et du vampire. La méthode est une analyse de l'imaginaire intérieure à l'imaginaire. Il s'agit de jouer sur les images, d'utiliser leurs ressorts propres, dans la fiction par conséquent, pour mettre en lumière leur structure. Bien entendu, il aurait été possible de procéder tout autrement, en délimitant un corpus de textes et en dégageant dans un méta-discours, un discours critique, les relations qui s'instituent entre les figures en question. La méthode imaginaire ne s'imposait nullement. Je soutiens seulement que cette analyse intérieure à l'imaginaire (indépendamment de son résultat ici) est une méthode légitime, propre à fonder un travail de philosophie.

Les « compléments » qui suivent n'ont donc pas pour but de justifier enfin une thèse, que j'aurais jusqu'à présent illustrée, mais seulement de lui donner un autre éclairage sur l'exemple de quelques textes de science-fiction. Cependant, je voudrais en guise d'introduction discuter brièvement du statut donné à l'imaginaire. J'emprunte ce terme à Bachelard. Dans ses premiers livres, Bachelard reprend le modèle brunschvicgien de l'histoire des sciences, qu'il décrit comme un dialogue de la raison, ou de la conscience, avec l'expérience. Dès ce commencement, Bachelard introduit néanmoins un nouvel élément, l'imaginaire, que l'on ne trouverait pas dans les textes de Brunschvicg. C'est que, pour Bachelard, les obstacles que rencontre une science ne tiennent pas seulement à la résistance que lui impose l'expérience mais également à un certain nombre d'images, une sorte de sens commun figuré dont les sciences doivent se détacher pour constituer leurs théories. Bachelard se propose alors une « bi-psychanalyse », qui, d'un côté, doit libérer la science de ce noyau d'images et, de l'autre côté, dégager la structure propre de l'imaginaire humain.

C'est dans une seconde période que Bachelard aborde cette analyse de l'imaginaire. Celle-ci s'organise autour d'éléments, l'eau, l'air, le feu, la terre, dont il faut chercher les significations dans la littérature. Ces éléments, au nombre de quatre donc, parcourent la littérature, comme les sciences à l'origine, avant que celles-ci ne prennent leur mouvement propre. Ils constituent en réalité un imaginaire inné formant comme une structure permanente de l'esprit humain.

C'est cette dernière thèse qui limite les analyses de Bachelard et le conduit à s'intéresser à ces éléments anhistoriques qui doivent pouvoir intervenir dans toute littérature. C'est aussi la thèse la plus difficile à accepter. Manifestement, il y a dans la littérature des images, qui sont liées au progrès des sciences, qui accompagnent les sciences et se transforment avec elles époques par époques. Ces images semblent constituer un domaine structuré, susceptible donc d'une analyse. Cela engage à mettre en mouvement l'imaginaire bachelardien, à l'intégrer dans une histoire, à l'attacher au développement des sciences, des techniques et, pour tout dire, d'une société.

C'est dans une certaine mesure ce que tente Althusser, en reprenant les concepts d'obstacle et de coupure épistémologiques. Seulement, l'imaginaire de Bachelard devient alors une « idéologie », une « philosophie spontanée » que les savants entretiennent sans s'en rendre compte et qui recouvre leurs résultats, qui entrave même le progrès de leurs sciences et dont il faut toujours à nouveau se déprendre par de nouvelles ruptures. L'idéologie, telle que la conçoit Althusser, est liée à un état de la société. Mais elle n'a plus de rapport à la littérature et à l'idée d'image.

Il ne faut pas écarter sans plus le modèle althussérien. Mais il faut d'abord redonner à l'irréfléchi son caractère d'image et revenir donc plus près de Bachelard, avec cette différence que nous dirons que l'imaginaire est en mouvement et se transforme avec les techniques, la littérature et les sciences. A chaque époque, il y a des images qui viennent de la littérature et entrent dans les sciences, des images sur lesquelles les sciences s'appuient et dont elles ne se détachent pas mais qu'elles ne font que transformer. Prenons l'exemple des machines de Turing. On le sait, Turing introduit ses machines dans un article de 1937 pour fixer l'ensemble des fonctions calculables et donner ainsi une définition de la calculabilité. Il est impossible ici d'entrer dans le détail de cette histoire. Mais, avec le texte de Turing, l'image de la machine, déjà présente dans de la littérature et de façon plus diffuse dans d'autres textes logiques, dès Frege, prend une portée à l'intérieur même de la science. Il existait en effet avant Turing d'autres formulations, celle de Church, celle de Gödel, qui se révèleront équivalentes à la définition de Turing. Seulement, il n'était pas certain que ces formulations, ces définitions, de Church, de Gödel, embrassaient en effet la totalité des fonctions calculables. C'est seulement Turing qui, en caractérisant la calculabilité par son caractère mécanique, en saisit l'esprit en quelque sorte et montre que ces définitions sont adéquates.

Or, ici, la « machine », le caractère « mécanique », intervient bien comme une image, qui prend son sens d'elle-même, un sens irréfléchi. Il y a bien sûr une description rigoureuse des machines de Turing, un concept si l'on veut. Mais celui-ci ne se dessine qu'a posteriori. La thèse de Turing doit se formuler en deux temps : une fonction calculable est telle qu'une machine peut en calculer les valeurs *et* une machine peut se concevoir comme un dispositif possédant telles et telles propriétés. Le deuxième membre de cette conjonction détermine un concept de machine mais le premier membre ne s'appuie que sur l'image de la machine. Il ne joue que sur l'image de la machine, telle qu'elle se dessine à une certaine époque, dans une certaine société. La définition de la calculabilité est un résultat logique fondé dans l'imaginaire.

Il est incontestable aussi que la portée que prend cette image de la machine dépend d'un contexte historique. Turing ne pouvait introduire cette image de la machine et lui faire jouer ce rôle en logique que dans une société où l'on construisait déjà des machines à calculer et dont la littérature, depuis Sherlock Holmes ou la « *Thinking Machine* » de Jacques Futrelle, était pleine de machines à raisonner. Ce rapport au contexte est encore plus frappant dans le dispositif qu'imagine un autre logicien, Post, parallèlement à Turing et qui fait intervenir, au lieu d'une machine, un ouvrier travaillant à la chaîne.

Partant de l'idée qu'il existait un tel imaginaire, historique et commun aux sciences et la littérature, j'ai tenté d'en proposer une analyse de l'intérieur, en laissant jouer les images pour en manifester des relations, et en évitant de prendre cette position de surplomb, ce méta-discours qu'est le commentaire de texte. Cette méthode, je tiens à en défendre en principe le caractère philosophique. Elle me semble pouvoir s'appliquer non seulement à une analyse de l'imaginaire mais aussi pour des constructions dans l'imaginaire, comme Kant parle de construction dans l'intuition. Admettons un instant que la philosophie, pas plus que les sciences, ne puisse se détacher de l'imaginaire. Ses concepts, s'ils peuvent n'avoir pas d'objets dans l'expérience immédiate, seront associés à des images ou s'illustreront dans des images, selon une sorte de schématisme. Ne serait-il pas possible alors en jouant sur les images, comme le géomètre kantien sur les figures de l'intuition, de construire des propositions philosophiques, des systèmes si l'on veut, que l'analyse des concepts ne suffirait pas à justifier ? [1].

Les deux études qui suivent visent simplement à donner un autre éclairage sur l'analyse de l'imaginaire. La première compare notre image de la machine, telle qu'elle se dessine dans la science-fiction, à celle que présentait Descartes. La seconde esquisse, à partir de quelques exemples d'hommes invisibles dans les nouvelles de H. G. Wells, une variation eidétique sur les propriétés de la vision.

---

1. C'est ce que je tente dans *La ville aux deux lumières : géographie imaginaire*, à paraître.

complément 1 : machines à émotions et machines à raisonner [1]

Je voudrais maintenant revenir sur des textes précis pour distinguer deux images de l'homme-machine, l'une qui joue dans l'imaginaire classique et qui est fixée par Descartes, l'autre qui est au centre de notre imaginaire depuis la fin du XIXᵉ siècle et que l'on rencontre en particulier dans la science-fiction. Par homme-machine, j'entends l'homme représenté par une machine ou une machine qui imite autant que possible le comportement humain. Dans le vocabulaire de la science-fiction, l'homme-machine est un robot, un androïde.

La thèse que je défendrai est que les textes cartésiens donnent à l'homme-machine des caractères exactement contraires à ceux que prend le robot dans notre propre imaginaire. Avant tout, le paradigme de la machine, pour Descartes et dans l'imaginaire classique, est une horloge, c'est-à-dire un automate qui, une fois mis en branle, possède en lui-même le principe de son mouvement. En revanche, le modèle auquel nous pensons avec le robot est l'ordinateur, la machine à calculer. Sans doute, un robot n'est pas seulement un ordinateur mais son fonctionnement dépend de façon essentielle du dispositif calculatoire qui constitue son « cerveau ». Les progrès de la robotique, dans la science-fiction, sont presque toujours liés à une transformation de l'ordinateur central, du cerveau de la machine. On ne s'intéresse par exemple que de

1. Cette étude a été exposée au séminaire de P. Gillot, au Collège international de philosophie en mai 2005. Un version résumée en a été publiée dans la revue *Cycnos*, 22-1, p. 151-164.

façon accessoire à l'appareil digestif du robot [1]. Le robot, pour nous, est d'abord un cerveau. D'autre part et surtout, les machines classiques, les machines telles que les conçoit Descartes, sont susceptibles de manifester toutes sortes d'émotions, la joie, la tristesse, la colère ou l'amour. En revanche, Descartes leur refuse la parole. C'est à cela qu'on les distingue des êtres humains : les robots, pour Descartes, ne peuvent pas user du langage humain. Les robots de la science-fiction sont alors à l'opposé des robots cartésiens. Nos robots imaginaires sont capables de parler et, du point de vue de la parole, rien ne les distingue d'un être humain. Mais ils ne peuvent pas exprimer d'émotion. Ils sont impassibles et, comme le formule Ph. K. Dick, dépourvus d'empathie.

Nous passons donc d'une image, où la machine est une horloge muette (ou une horloge qui parle peu) mais dont le cadran peut exprimer l'amour, à l'image d'une machine à calculer, froide et impassible, mais qui raisonne comme, ou mieux que, l'être humain. C'est du moins ce que je m'attacherai à montrer.

Une deuxième thèse serait que cette faculté qui manque à la machine, ce reste dans l'homme qu'une machine ne peut pas reproduire, est à son tour projeté dans une autre figure, un second personnage qui vient alors s'opposer à la machine. Dans les textes de Descartes, c'est une certaine parole qui manque à la machine, et cette parole est rapportée à la figure du fou. Dans notre propre imaginaire, l'homme se distingue de la machine par l'émotion, le désir, et la figure du vampire

---

1. Notamment, Azimov, dans *The Caves of Steel* (1954), qui insiste sur la capacité digestive de son robot, Daniel R. Olivaw. Mais les quelques exemples que l'on peut trouver ne contrebalancent pas l'intérêt et l'abondante littérature que suscite au XVIII [e] siècle le canard de Vaucanson avec son mécanisme digestif (*cf.* Seris, *Langages et machines à l'âge classique*, Paris, Hachette, 1995).

semble venir cristalliser ce désir qui fait défaut à la machine. L'imaginaire classique s'articule donc autour de l'opposition d'une machine et d'un fou, tandis que notre propre imaginaire place un vampire en face de la machine.

Je ne discuterai pas pourtant de cette deuxième thèse mais uniquement de la transformation de l'image de la machine, de Descartes à la science-fiction. Par ailleurs, je ne considèrerai que la machine de l'homme-machine, du robot, c'est-à-dire une machine qui, autant que possible, imite l'homme et forme un individu. Il y a dans l'imaginaire de la science-fiction des machines qui, comme celles de Descartes, ont part à quelque chose comme une émotion. Ce sont les machines qui constituent le cyborg. Le cyborg, on le sait, est un être mixte, qui comporte une partie organique, biologique, et une partie mécanique. Or, dans tout un corpus de textes, qui présente donc une autre image de la machine, ce couplage du mécanique et du biologique donne lieu à un désir, que l'on ne peut attribuer en propre ni aux machines ni au noyau biologique du cyborg. La machine, dans le cyborg, est liée au désir, qu'elle en soit l'instrument ou, sinon la source, le moteur. En tout cas, elle n'a plus le visage impassible, froid ou indifférent, du robot. Le cyborg offre donc une autre image de la machine, différente du robot, et à laquelle on pourrait sans doute confronter le concept de machine désirante, qu'introduisent Deleuze et Guattari en le référant du reste au récit de S. Butler *Erewhon*, presque de la science-fiction.

Enfin, lorsque j'oppose les machines cartésiennes, qui restent muettes, à nos robots, qui ont gagné la parole mais perdu l'émotion, je ne veux pas dire, évidemment, que l'on a réussi depuis le XVIIe siècle à construire des machines qui parlent ou que l'on a prouvé qu'une machine, comme un ordinateur, peut en principe utiliser le langage naturel. Je ne m'intéresse qu'aux images de la machine. Par image, j'entends une description de la machine qui prend une portée, qui, si l'on veut, nous convainc ou nous intrigue, sans forcément que les caractéristiques qui lui sont données aient été justifiées par un discours rationnel ou aient fait l'objet d'une preuve. La portée d'une image est indépendante de sa rationalité. Ainsi, dans notre imaginaire et en particulier dans la science-fiction, les robots parlent ou peuvent parler, alors que, du point de vue de la science ou du savoir au sens large, du point de vue de ce que l'on entend prouver, il n'est nullement clair qu'une machine puisse utiliser le langage naturel, et la philosophie, les sciences cognitives, l'informatique continuent d'en discuter. Notre image, le robot qui parle, s'est donc fixée d'elle-même, sans avoir de base scientifique. En fait, il faut reconnaître une indépendance relative, ou une indépendance interne, de l'imaginaire par rapport aux sciences, aux savoirs (en prenant les « savoirs » au sens large de discours supposés faire l'objet d'une justification rationnelle). Le passage du paradigme de l'horloge à celui de la machine à calculer dans la deuxième moitié du XIXe siècle est bien lié au progrès des sciences ou, du moins, des techniques. Mais la thèse que les machines parlent, thèse qui est implicite dans notre image de la machine, est posée et vaut d'elle-même, indépendamment de toute justification scientifique ou malgré une possible réfutation par les sciences. Par conséquent, notre imaginaire dépend d'un certain contexte, scientifique et technique, mais reste indépendant des thèses précises qu'une science, un savoir, peut formuler.

Je commencerai par évoquer les machines de Descartes pour les confronter ensuite à l'image de la machine que l'on rencontre dans la science-fiction. Il me faudra faire un détour par Baker Street où l'on verra comment le Docteur Watson observant son ami Holmes fixe cette image de la machine. Puis je suivrai plus longuement un chasseur d'androïdes dans un roman de Ph. K. Dick, qui met en scène nos machines parlantes mais a-pathiques tout en conservant un décor cartésien.

La machine cartésienne

Descartes décrit l'être humain comme l'union d'une âme et d'un corps. La position de l'âme, d'une part, est déterminée par une expérience de la pensée en première personne. Je sais de façon immédiate que je pense et, de ce que je pense, je déduis que je suis, que je suis une substance pensante. Plus précisément, il apparaît, à l'issue du doute de la première des *Méditations Métaphysiques*, que ma pensée, telle que j'en fais l'épreuve intérieure, ne dépend en rien de l'existence du monde matériel. La pensée, en fait, a sa substance propre. C'est-à-dire, en tant que je pense, je suis une chose qui pense, une substance pensante, indépendante des choses étendues qui constituent le monde extérieur. C'est cette substance pensante, telle qu'elle se révèle dans l'expérience de la pensée en première personne, que Descartes appelle l'âme.

D'autre part, le corps, auquel je suis attaché en tant que substance pensante, peut être représenté comme un automate, c'est-à-dire une machine qui possède en elle-même le principe de son mouvement. Les fonctions corporelles comme la digestion, le battement du cœur, la respiration, le sommeil et la mémoire, doivent s'expliquer de façon mécanique. Il faut considérer que ces « fonctions suivent toutes naturellement, en cette machine [par laquelle on peut représenter le corps humain], de la seule disposition de ses organes ne plus ne moins que les mouvements d'une horloge, ou autre automate, de celle de ses contre-poids et de ses roues »[1]. Le corps humain fonctionne donc comme une machine, les organes en sont les différentes pièces. La mort, par exemple, n'est qu'une panne de la machine-corps :

> le corps d'un homme vivant diffère autant de celui d'un homme mort que fait une montre, ou autre automate (c'est-à-dire autre machine qui se meut de soi-même) lorsqu'elle est montée et qu'elle a en soi le principe corporel des mouvements pour lesquels elle est instituée, avec tout ce qui est requis pour son action, et la même montre, ou autre machine, lorsqu'elle est rompue et que le principe de son mouvement cesse d'agir[2].

On voit bien dans ces textes que le modèle, pour cette machine qu'est notre corps, est l'horloge, l'automate qui se meut de lui-même, une fois lancé, comme l'horloge est remontée, et qui effectue un mouvement réglé. Ce modèle de l'horloge n'est pas propre à Descartes. On le retrouve par exemple dans l'introduction du *Léviathan* : si la vie peut s'expliquer par la mécanique, « pourquoi ne dirait-on pas que tous les automates (c'est-à-dire les engins qui se meuvent d'eux-mêmes comme le fait une montre par des ressorts et des roues) possèdent une vie artificielle ? »[3].

Il est vrai que c'est au XVIIe siècle que sont dessinées les premières véritables machines à calculer. Pascal, Leibniz y

---

1. Descartes, *Traité de l'homme*, « Bibliothèque de la Pléiade », Paris, Gallimard, p. 873 ; *Œuvres complètes*, Ch. Adam et P. Tannery (éd.), Paris, Vrin, 1996, t. XI, p. 202 (désormais A. T.).
2. Descartes, *Les passions de l'âme*, « Bibliothèque de la Pléiade », Paris, Gallimard, p. 697 ; A. T., t. XI, p. 330-331.
3. Hobbes, *Léviathan*, trad. fr. F. Tricaud, Paris, Sirey, 1971, p. 5.

contribuent. Pourtant, si l'on peut se demander dans quelle mesure la machine à calculer commence à donner un modèle de l'esprit (ce qui n'est nullement clair [1]), il est sûr qu'elle ne joue pas comme modèle de l'être humain, corps et esprit. Ainsi, lorsque Leibniz demande si une machine (une véritable machine, sans métaphore) pourrait percevoir, ou penser, il ne parle pas de machine à calculer mais d'un automate avec « des pièces qui se poussent les unes les autres » et dans lequel on pourrait entrer « comme dans un moulin » [2]. – Nous restons dans l'imaginaire de l'horloge : l'automate avec ses ressorts et ses roues qui semblent se mouvoir d'elles-mêmes.

Mais revenons aux textes cartésiens. Descartes distingue dans l'être humain une substance pensante et un corps horloge. Cela l'oblige à décrire les animaux comme de pures machines. En effet, nier que les animaux soient des machines reviendrait à leur accorder, comme à l'homme, une âme, immortelle, et, cela non seulement, aux animaux évolués mais déjà aux insectes, comme « les vers, les moucherons, les chenilles » [3]. Ce qui est, pour de multiples raisons, peu souhaitable. Les animaux

---

1. Je pense évidemment à l'automate spirituel, introduit par Spinoza, puis repris par Leibniz. En effet, l'automate spirituel n'a pas pour fonction de représenter l'homme (un esprit dans un corps) mais uniquement le fonctionnement de l'esprit. Par ailleurs, l'automate spirituel, comme le souligne Leibniz, n'est pas une machine au sens propre, puisqu'il possède une infinité de pièces et ne laisserait pas construire (ni démonter). L'automatisme signifie seulement le déterminisme (le fait que le passage d'un état à un autre est déterminé par des lois univoques). Il n'est donc nullement clair que l'automate spirituel implique une analogie même lointaine de l'esprit à une machine, une machine telle que l'on pourrait en construire, comme on l'entend aujourd'hui avec la machine de Turing. A ce sujet, P. Cassou-Noguès, « Leibniz et Turing : deux figures de l'automate spirituel », dans Fedi, *Les cigognes de la philosophie*, Paris, L'Harmattan, 2002.

2. Leibniz, *Monadologie*, article 17.

3. Ainsi, Descartes à Morus, 5 février 1649, A. T., t. V, p. 277 : « il y a moins de probabilité pour que tous les vers, les moucherons, les chenilles, et le reste des animaux soient doués d'une âme immortelle que pour qu'ils se meuvent à l'imitation des machines ».

doivent donc être pensés comme des automates, dont l'ensemble du comportement est déterminé par un mécanisme, de la même façon que le mouvement des aiguilles est déterminé par la position des roues dans le corps de l'horloge. Ainsi, les émotions que peuvent manifester les animaux ne sont que le produit de leur mécanisme. Il doit être possible de rendre compte mécaniquement des signes des appétits naturels, comme la faim et la soif, mais également de ce que Descartes appelle les passions, comme la joie, la tristesse, la colère ou l'amour. Descartes ne nie pas que les animaux puissent nous signifier ces passions. Il se fait fort de les expliquer mécaniquement : les signes de la soif chez le chien, comme les ruses du renard et, sans doute, la peur de l'animal traqué.

Cette question des passions revient à propos de l'homme-machine. En effet, l'expérience de la pensée, ma pensée telle que je l'éprouve de façon immédiate, m'assure que je ne me réduis pas à ce corps mécanique auquel je suis lié. En revanche, rien ne garantit au premier abord que l'homme qui me fait face n'est pas lui-même une machine. L'expérience intérieure de sa propre pensée lui assure qu'il n'est pas une machine, mais cette expérience privée ne se laisse pas communiquer en elle-même. La question se pose donc de savoir si et à quoi il est possible distinguer un homme d'une machine qui imiterait le comportement humain, un robot ou un androïde, pour utiliser des mots que, évidemment, Descartes ne connaît pas. Or, comme dans le cas de l'animal, l'expression chez l'homme des appétits (la faim ou la soif) et des passions (la joie ou la peur, l'amour, la colère) s'explique de façon mécanique et pourrait donc être reproduite sur une machine. Le robot pourra nous manifester sa joie ou nous signifier qu'il a faim. La thèse de Descartes est que c'est seulement par la parole que l'homme se distingue de la machine et de l'animal. Mais on sait bien que les perroquets (qui sont des machines) peuvent dire quelques mots. Il faut donc préciser cette thèse. La parole proprement humaine, celle que les machines ne pourront pas reproduire, a deux caractéristiques négatives. D'une part, elle ne doit pas être le signe extérieur d'une émotion immédiate (comme le cri de joie ou le « J'ai faim », auquel, pour Descartes, se réduit le langage du perroquet). D'autre part, elle peut ne pas être raisonnable. Cela inclut dans la parole humaine le discours de l'insensé et la distingue du raisonnement logique dont serait peut-être capable la machine à calculer. Le discours du fou, qui est « à propos », c'est-à-dire fait sens, sans suivre la raison, devient l'exemple même de cette parole qui fait le propre de l'homme :

> Il n'y a aucune de nos actions extérieures, qui puissent assurer ceux qui les examinent, que notre corps n'est pas seulement une machine qui se remue de soi-même, mais qu'il y a aussi en lui une âme qui a des pensées, excepté les paroles, ou autres signes faits à propos des sujets qui se présentent, sans se rapporter à aucune passion. Je dis [...] que ces signes soient à propos, pour exclure le parler des perroquets, sans exclure celui des fous, qui ne laisse pas d'être à propos des sujets qui se présentent bien qu'il ne suive pas la raison ; et j'ajoute que ces paroles ou signes ne se doivent rapporter à aucune passion, pour exclure non seulement les cris de joies ou de tristesse, et semblables, mais aussi tout ce qui peut être enseigné par artifice aux animaux [1].

Ainsi, Descartes fait de la parole, d'une parole « à propos », dépourvue de passions et, parfois, de raison, comme l'est celle du fou, le propre de l'être humain et, par conséquent, un

---

1. Descartes au marquis de Newcastle, 23 novembre 1646, « Bibliothèque de la Pléiade », Paris, Gallimard, p. 1255 ; A. T., t. IV, p. 574.

critère pour distinguer celui-ci aussi bien de la machine que de l'animal. Les émotions, comme la joie, la tristesse, la colère, la peur sont susceptibles d'apparaître chez les animaux et chez les robots. La parole seule relève en propre de l'humain : « on ne doit pas confondre les paroles avec les mouvements naturels qui témoignent des passions, et peuvent être imités par des machines aussi bien que par les animaux » [1].

Descartes peut donc imaginer des sortes de robots, avec un corps identique à celui de l'homme et qui imiteraient le comportement humain, qui pourraient respirer, digérer, se mettre en colère ou manifester de la joie, ou de l'amour, tout autant qu'un animal. Le défaut de ces machines est dans leur incapacité à utiliser le langage. Le robot cartésien est une horloge muette mais sensible : il pourra sembler, comme un animal, aimer son maître et s'attrister si celui-ci l'abandonne [2].

Descartes est alors conduit à des expériences de pensée qui font déjà figure de science-fiction. Dans une lettre à un correspondant anonyme de 1638, le philosophe imagine par exemple un enfant élevé en un lieu où il n'a jamais vu d'animaux. Il n'y a là avec cet enfant que des hommes et des automates, des automates qui imitent les animaux terrestres mais aussi des robots qui sont de l'extérieur presque humains. Toutefois, notre enfant connaît le critère cartésien, qui lui

1. Descartes, *Discours de la méthode*, « Bibliothèque de la Pléiade », Paris, Gallimard, p. 166. De même, *Les passions de l'âme*, art. 16, « Bibliothèque de la Pléiade », Paris, Gallimard, p. 704 ; A. T., t. VI, p. 58 et t. XI, p. 341.
2. En ce sens, Descartes à Morus, 5 février 1649 : « Je ne refuse la vie à aucun animal, car je crois qu'elle consiste dans la seule chaleur du cœur ; je ne lui refuse même pas la sensibilité, dans la mesure où elle dépend d'un organe corporel » « Bibliothèque de la Pléiade », Paris, Gallimard, p. 1320 ; A. T., t. V, p. 277.

permet de distinguer les robots des hommes, la parole. Le visage parle, c'est un homme. Il reste muet, c'est un robot. L'enfant est ensuite reconduit dans nos pays, il voit alors, pour la première fois, des véritables animaux et, tout naturellement, il leur applique le critère qu'il a toujours utilisé pour reconnaître les créatures mécaniques. Ces animaux terrestres ne parlent pas, ce sont donc des machines – se dit l'enfant.

Avec cette histoire, Descartes entend montrer que notre réticence à penser les animaux comme des machines n'est qu'un préjugé qui dépend de notre éducation et qu'une autre éducation, dans d'autres circonstances, pourrait éliminer. La situation qu'imagine Descartes ressemble à une histoire de science-fiction. Il suffirait d'ajouter que l'enfant est né dans une station orbitale, disons XR18, où il n'a connu que ses parents, humains, et les robots qui travaillaient pour eux. On lui offrait parfois quelques automates, comme des jouets. Mais l'enfant revient sur terre. Il voit un animal, qu'en pense-t-il ? Est-ce un autre automate, plus perfectionné que ceux avec lesquels il jouait ? Ou bien l'enfant reconnaît-il dans l'animal un être vivant, comme lui-même et hétérogène à la mécanique ?

Il me semble que l'image de la machine qui parcourt la science-fiction conduirait à une autre conclusion que celle de Descartes. Il sera beaucoup plus facile, je crois, de poser que les automates que l'on offre à l'enfant dans la station orbitale parlent et que, pourtant, l'enfant, en rencontrant des animaux terrestres, y décèle quelque chose dont l'automate reste dépourvu, quelque chose comme l'émotion. Nous verrons plus exactement comment Dick reprend l'histoire de Descartes. Mais disons dès maintenant que c'est à contre-emploi. La machine, dans l'imaginaire de la science-fiction, peut utiliser le langage mais elle reste impassible, elle est a-pathique.

L'image cartésienne de l'homme-machine, comme horloge muette, reste prégnante au XVIIe et au XVIIIe siècles. On en trouve un écho dans des textes littéraires et, pour prendre l'exemple le plus célèbre, dans *Les voyages de Gulliver*. Lorsque Gulliver est amené à la cour de *Brobdingnag*, chez les géants donc, le roi commence à considérer Gulliver comme « une pièce d'horlogerie qu'aurait conçu un artiste ingénieux ». Et c'est seulement au moment où Gulliver parle, d'une parole sensée, que le roi est pris d'un doute. Le roi de *Brobdingnag*, dont Gulliver précise qu'il a étudié la philosophie et les mathématiques, utilise bien le critère cartésien, la parole, pour distinguer l'homme et la machine [1].

Sherlock Holmes, un nouvel homme machine

Je voudrais maintenant considérer l'image de la machine dans notre propre imaginaire. L'une de ses premières incarnations se trouve dans les textes de Conan Doyle. Sherlock Holmes, dans ses moments de réflexions du moins, est en effet l'un des premiers robots modernes. C'est dans leur deuxième aventure, *Le signe des quatre*, que Watson découvre l'être véritable de son ami. Miss Morstan, qui deviendra l'épouse de Watson, vient de

1. « The King, although he be as learned a person as any in his dominions, and had been educated in the study of philosophy, and particularly mathematics ; yet when he observed my shape exactly, and saw me walk erect, before I began to speak, conceived I might be a piece of clockwork, (which is in that country arrived to a very great perfection) contrived by some ingenious artist. But when he heard my voice, and found what I delivered to be regular and rational, he could not conceal his astonishment » (Swift, *Gulliver's Travels*, Londres, Penguin, 1994, p. 106). *Cf.* aussi Seris, *op. cit.* ; Rosenfield, *From Beast-Machine to Man-Machine*, New York, Oxford University Press, 1941.

quitter le 221 B Baker Street après avoir exposé son problème au détective. Watson, qui assistait à la scène, ne l'a pas écoutée. Il est resté fasciné par la beauté de la jeune femme, beauté que Holmes, lui, n'a pas « remarquée » (« *observed* » dit l'anglais). Watson comprend alors la vérité :

> Vous êtes vraiment un automate, une machine à calculer [...] il y a parfois quelque chose de positivement inhumain en vous [1].

Cette remarque de Watson n'est pas isolée. Le médecin décrit Holmes « comme la plus parfaite machine à raisonner et à observer que le monde ait connu » [2]. Il note de façon précise les moments où Holmes, commençant à réfléchir, prend « cette contenance [impassible] qui faisait que beaucoup le considéraient comme une machine plutôt qu'un homme » [3]. Et les moments où Holmes redevient humain, lorsqu'il se laisse gagner par un sentiment, le plus souvent la vanité : « C'était en effet à ces moments qu'il cessait d'être une machine à raisonner et trahissait son amour tout humain pour l'admiration et les applaudissements » [4].

On voit d'abord dans ces remarques de Watson que le paradigme de la machine a changé. L'homme-machine n'est plus l'horloge mais déjà cette machine à calculer, que nous appellerons bientôt un ordinateur. C'est l'une des première fois qu'un être humain est identifié à une machine à calculer. D'autre part, ce à quoi Watson reconnaît la machine en Holmes est son incapacité à manifester une émotion et, plus largement

---

1. *The Sign of Four*, in Doyle, *The complete Sherlock Holmes*, Penguin, London, 1981, p. 96.
2. *The Adventures of Sherlock Holmes*, « A scandal in Bohemia » *in* Doyle, *op. cit.*, p. 161.
3. *Memoirs of Sherlock Holmes*, « The crooked man », in Doyle, *op. cit.*, p. 412.
4. *The return of Sherlock Holmes*, « The adventures of the six napoleons », *in* Doyle, *op. cit.*, p. 593.

même, son incapacité à saisir ce qui échappe à la description objective, ce qui ne se laisse pas « observer ». Watson de fait caractérise la machine par son caractère impassible. La différence entre l'homme et la machine, le propre de l'homme, est dans l'émotion. Une machine peut parler, raisonner comme un homme : elle ne donne aucun signe d'émotion.

On pourrait ici parler d'une thèse de Watson par analogie avec la thèse et le test de Turing. La thèse qu'énonce Turing, dans son article de 1936, est que tout calcul ou, plus généralement, toute tâche réglée (c'est-à-dire toute tâche dont les étapes sont déterminées par des règles univoques), est également susceptible d'être implémentée sur une machine possédant une mémoire, sous la forme d'un ruban de papier, infinie. Evidemment, il n'est pas exclu que notre vie, la suite de nos paroles, ne soit qu'une telle tâche réglée et que nous puissions nous-mêmes être considérés comme de telles machines. Quelques années plus tard, dans un article de 1950, Turing se demandera dans quelle mesure alors on peut distinguer un être humain d'une machine à calculer. Il imagine une sorte de jeu. Il y a cachés dans une pièce à côté (et que l'on ne voit pas, que l'on n'entend pas directement) un homme et une femme que l'on interroge. Le jeu consiste pour l'homme à se faire passer pour la femme, ce qui l'oblige à mentir lorsqu'on lui pose des questions trop directes. La femme tente de dénoncer les men-songes de l'homme pour aider l'interrogateur à établir la vérité. Le but de l'interrogateur est, en effet, de découvrir qui est la femme et qui est l'homme. Maintenant, propose Turing, remplaçons l'homme par un ordinateur. Le logicien soutient que, dès que la robotique aura fait quelques progrès, l'interro-gateur ne pourra plus s'apercevoir de la substitution. En principe, une machine peut soutenir une conversation, parler, même mentir, comme un être humain. Par sa parole, une machine est indiscernable de l'être humain.

Une remarque s'impose sur le rapport de Turing à Descartes, une remarque qui permettra de nuancer l'analyse précédente sur les machines cartésiennes. Turing semble d'abord prendre exactement le contre-pied de Descartes. La parole, que fait intervenir le test de Turing, est proche de celle qu'invoquait Descartes. On peut lui prêter les mêmes caractères. Descartes demandait une parole qui reste à propos, sans relever de la passion (à la différence du cri de faim ou de joie), et puisse échapper à la raison (comme le discours de l'insensé). Or les mensonges de l'ordinateur, qui tente de se faire passer pour un être humain sont bien de cet ordre : la parole a un sens (l'ordinateur répond « à propos »), elle ne découle apparemment d'aucune émotion et il est difficile d'y voir la pure application des règles de la raison. Turing semble faire intervenir la même parole que Descartes pour, à la différence de celui-ci, refuser de distinguer la machine de l'humain.

Cela dit, on trouve également dans les textes de Descartes des raisons de penser que, en effet, les machines peuvent passer le test de Turing. Sans doute, dans la lettre déjà évoquée, à un correspondant anonyme, Descartes écrit : « jamais, si ce n'est pas hasard, [les] automates ne répondent, ni de paroles, ni même par signes, à propos de ce dont on les interroge » [1]. Le test de Turing ne sera alors pas bien long, et l'interrogateur s'apercevra très vite de l'inconséquence de la machine. Cependant, dans d'autres textes, Descartes accepte que l'on puisse programmer (en quelque sorte) la machine pour

---

1. Descartes à un correspondant anonyme, Mars, 1638, « Bibliothèque de la Pléiade », Paris, Gallimard, p. 1004 ; A. T., t. II, p. 40.

répondre correctement dans certaines situations. Il s'agira d'un nombre fini de types de situations mais, ce nombre, on peut l'imaginer aussi grand que l'on veut. La différence avec l'être humain semble donc seulement venir de ce que la parole humaine est universelle et se prête à toutes les situations alors que la parole mécanique ne convient qu'à un nombre fini de types de situations. « Car on peut bien concevoir qu'une machine soit tellement faite qu'elle profère des paroles [...] mais non pas qu'elle les arrange diversement pour répondre au sens de *tout* ce qui se dira en sa présence » [1].

On peut donc, selon Descartes lui-même, imaginer une machine capable de tenir un discours cohérent dans certaines circonstances. Dans le test de Turing, cette machine de Descartes serait capable de répondre à l'interrogateur dans certaines situations ou à certaines questions, à un nombre de questions fini mais que l'on peut imaginer aussi grand que l'on veut. Par conséquent, si le test de Turing ne dure qu'un temps fini (et Turing lui-même évoque une durée de cinq minutes [2]), il n'est pas sûr que l'interrogateur puisse identifier la machine de Descartes. En fait, le test de Turing n'a pas de valeur empirique pour les machines telles que les imagine Descartes. Le test par la parole ne permettrait de distinguer les machines cartésiennes à coup sûr qu'au bout d'un temps infini.

---

1. Descartes, *Discours de la méthode*, « Bibliothèque de la Pléiade », Paris, Gallimard, p. 165 ; A. T., t. VI, p. 57. Et cela finalement pour la raison suivante : « Car, au lieu que la raison est un instrument universel qui peut servir en toutes sortes de rencontres, ces organes ont besoin de quelque particulière disposition pour chaque action particulière ; d'où vient qu'il est moralement impossible qu'il y en ait assez de divers en une machine, pour la faire agir en toutes les occurrences de la vie de la même façon que notre raison nous fait agir ».

2. Turing, « Computing Machinery and Intelligence », Mind, LIX, oct. 1950, p. 442.

Les textes de Descartes sur la question de la parole des machines sont donc ambigus, parfois contradictoires. Certains supposent les machines muettes. D'autres leur prêtent une parole finie. Et, dans ce cas, c'est seulement au bout d'un temps infini, à l'issue d'un test de Turing indéfiniment prolongé, que l'on peut être certain de repérer la machine de Descartes et de la distinguer de l'être humain.

Laissons de côté la question de savoir si les machines de notre imaginaire, les robots tels que les imagine la science-fiction, pourraient passer ce test infini. Il me semble que c'est le cas. Mais, quoi qu'il en soit, Watson (suite à ses observations sur Holmes) pourrait à l'avance opposer à Turing (et peut-être donc aussi à Descartes) une autre thèse et un autre test : les machines, si elles peuvent parler, sont incapables d'exprimer l'émotion. On reconnaîtra donc la machine à son caractère a-pathique. Mais il faut ajouter que cette thèse de Watson n'est pas sans conséquence. Elle suppose d'abord que les signes de l'émotion n'ont pas de description objective. Par exemple, que l'on ne peut pas identifier la honte à une certaine rougeur avec une définition exacte (c'est-à-dire la peau sous une lumière de telle intensité rendra une couleur de telle longueur d'onde). Si les signes de l'émotion se laissaient définir de cette façon, avec exactitude, il serait en principe possible de les introduire sur des machines. En principe, avec une technologie suffisamment avancée, on pourrait imaginer une machine au visage presque humain et capable, dans certaines circonstances, de se colorer de ce rouge de la honte. A la limite, la machine pourrait ne pas savoir interpréter les situations humaines et se tromper dans l'évaluation des circonstances qui appellent la honte. Elle colorerait son visage à contre-temps mais, si la honte est strictement signifiée par un certain rouge, cette couleur sur le visage de la machine sera lue, avec surprise peut-être mais sans ambiguïté, comme de la honte. La thèse de Watson implique que les signes de l'émotion, si la machine ne peut pas les reproduire, n'ont pas de caractérisation exacte. Les émotions, sur le visage humain, ne se reconnaissent donc pas à des signes objectifs mais à une sorte de « je ne sais quoi ». Ce « je ne sais quoi » qui exprime l'émotion, s'il ne connaît pas de description exacte, ne pourra pas être imité par la machine mais ne pourra pas non plus être reconnu par la machine. La machine ne peut pas plus exprimer des émotions qu'elle ne peut les reconnaître sur le visage d'autrui. La conséquence, enfin, est que, si l'émotion fait le propre de l'homme, et le distingue de la machine, la machine, qui ne reconnaît pas l'émotion, ne pourra pas se distinguer ou distinguer une autre machine d'un être humain. La machine ne saura donc pas d'elle-même ou ne saura qu'abstraitement qu'il y a des êtres qui ne sont pas des machines. J'y reviendrai.

On pourrait discuter de la thèse de Watson et de ses conséquences. Mais il ne s'agit pas ici d'évaluer leur vérité. La thèse de Watson est peut-être fausse. Le point qui m'intéresse, est que, même fausse, cette thèse joue un rôle dans notre imaginaire : elle détermine notre image de la machine. Je voudrais, dans cette perspective, suivre le roman de Ph. K. Dick, de 1968, *Do Androids Dream of Electric Sheep ?*

Les machines de Dick

Nous sommes donc à San Francisco, au milieu du XXIe siècle. Les hommes construisent des androïdes pour les aider dans la colonisation des planètes du système solaire. Mais il arrive que les androïdes s'échappent et reviennent sur Terre. Ils sont alors recherchés, poursuivis et, lorsqu'ils sont découverts, systématiquement détruits, « mis à la retraite », dit-on, plutôt que « tués ». Le roman raconte la journée d'un chasseur d'androïdes, Rick Deckard.

Rick Deckard, René Descartes. X. Mauméjean l'a déjà remarqué, ce n'est pas une coïncidence[1]. Le chasseur d'androïde est-il l'héritier du philosophe ? Du moins, Deckard doit bien être un peu philosophe. Il lui faut d'abord repérer les androïdes et, pour cela, apprendre à les distinguer des humains. Deckard est donc confronté à ce problème de savoir ce qui distingue l'homme de la machine et, par conséquent, ce qui fait le propre de l'homme. Seulement, pour Deckard et à la différence de Descartes, le propre de l'homme n'est plus dans la parole mais dans l'émotion ou, plus exactement, dans l'empathie.

Dick présente une image de la machine opposée à celle de Descartes. Les androïdes, et leur capacité à imiter l'être humain, sont déterminés par le type de leur cerveau. Leurs fonctions corporelles, la digestion, la circulation du sang, ne sont pratiquement pas évoquées. L'androïde est essentiellement son cerveau, un ordinateur. Ensuite et surtout, à l'opposé des machines cartésiennes, les androïdes de Dick ont gagné la parole mais perdu l'émotion. Les androïdes ont une intelligence souvent supérieure à celle des hommes[2]. Ils peuvent user du langage, et non seulement d'un langage rationnel mais de l'éventail entier de la parole humaine. Comme le voulait déjà Turing, les androïdes savent mentir et, en réalité, passent leur vie à mentir puisque, comme dans le test de Turing, ils doivent cacher leur identité (lorsqu'ils

1. X. Mauméjean, « Je pense donc je flippe », *Science Fiction Magazine*, hors série n° 8, septembre 2002.
2. Dick, *Do Androids Dream of Electric Sheep ?*, New York, éd. Millennium, 1999, p. 143.

connaissent leur identité d'androïde). Les androïdes savent également plaisanter, faire de l'esprit. La télévision américaine utilise même des androïdes pour présenter ses émissions de variété. L'esprit de leur conversation est inégalable. Buster Friendly et ses invités « ne se répètent jamais... Leurs remarques toujours spirituelles (*witty*), toujours nouvelles ne sont jamais préparées à l'avance »[1].

Cette parole, cet esprit, est précisément celui que Descartes semblait refuser à la machine pour en faire le propre de l'homme. On peut voir dans ces remarques « spirituelles », dans ces mots d'esprit l'exemple même d'une parole, qui, comme celle qu'évoquait Descartes, prend un sens alors qu'elle échappe aussi bien à l'émotion qu'à la logique. Le mot d'esprit est une parole qui n'est ni le simple signe d'une émotion immédiate, comme le cri de joie, ni ne respecte le raisonnement logique ou, pour reprendre l'expression de Descartes, les règles de la raison. Or, ici, les androïdes, avec leurs remarques qui ne sont jamais préparées, semblent bien pouvoir développer cet esprit à l'infini.

Les androïdes, dans le roman de Dick, ont donc appris à user de la parole humaine. En revanche, ils ont perdu toute capacité à manifester une émotion. C'est le thème sur lequel joue le roman. Les androïdes sont « froids » :

> Il émane d'eux quelque chose d'autre. Quelque chose d'étrange. Et, pensait-il, de déplorable. Une froideur. Comme, se disait-il, le souffle du vide entre les mondes inhabités, un souffle de nulle part en fait[2].

---

1. Dick, *Do Androids Dream of Electric Sheep ?, op. cit.*, p. 64.
2. *Ibid.*, p. 58.

Ce thème de la froideur de la machine est omniprésent dans les textes de Dick. La froideur, véritablement, définit ce que c'est qu'une machine :

> Dans notre univers, il existe des choses froides, cruelles, auxquelles je donne le nom de machines. Leur comportement m'effraie surtout lorsqu'il imite le comportement humain [...]. Je les appelle alors des androïdes. [...] Leur poignée de main est une étreinte avec la mort, et leur sourire a la froideur de la tombe[1].

Dans le roman de 1968, l'accent est mis sur une émotion particulière, « l'empathie », c'est-à-dire la sympathie avec les être vivants, la possibilité de souffrir de leur souffrance ou de participer à leur joie. C'est à l'absence d'empathie, l'a-pathie si l'on veut, que les androïdes sont détectés. Leur corps est de l'extérieur identique à celui des humains, et il faut pour identifier les androïdes les soumettre au test de « Voigt-Kampff ». Ce test aurait pu porter le nom de celui qui reste le plus célèbre médecin britannique, John H. Watson. Bien que Dick ne l'indique pas, le test de Voigt-Kampff repose sur la thèse de Watson telle qu'elle a été explicitée dans le paragraphe précédent : il est fondé sur l'émotion. Il consiste à analyser les réactions d'un patient (la rougeur du visage, la dilatation des pupilles), en même temps qu'on lui propose une série de questions mettant en scène différents comportements, supposés cruels, vis-à-vis des animaux. Un être humain sera tantôt effrayé, tantôt révolté, alors qu'un androïde, bien qu'essayant de feindre, ne manifestera pas d'émotion véritable. Comme la parole pour Descartes, l'empathie, telle

---

1. Dick, *The Shifting Realities of Ph. K. Dick*, New York, Vintage Books, 1995, p. 211.

qu'elle est révélée par le test de « Voigt-Kampff », permet donc de distinguer les hommes-machines des êtres humains :

> Un androïde, quelque capacité intellectuelle qu'il eut, ne pouvait rien comprendre à cette fusion [...] à cette expérience que lui [Deckard] et à peu près tout le monde y compris les idiots sous-normaux [subnormal chickenheads] réalisaient sans difficulté[1].

La phrase de Dick, avec la référence à ces « idiots sous-normaux », répond encore parfaitement aux énoncés de Descartes, avec cette différence que l'empathie ou, de façon plus générale, la capacité à l'émotion a remplacé la parole. L'empathie caractérise, par opposition aux hommes-machines, le genre humain dans sa totalité, avec « les hommes les plus hébétés », pour reprendre l'expression de Descartes.

Je voudrais maintenant discuter du contexte cartésien dans lequel Dick présente cette image de la machine. Les machines de Dick ont beau être à l'opposé des machines de Descartes, le décor de ce roman est tout à fait cartésien. C'est d'abord l'omniprésence des animaux-machines. En effet, avec les nuages radioactifs qui balayent le continent américain, les animaux véritables sont aussi rares que prisés dans le monde que nous décrit Dick. Ils coûtent cher, et Deckard, qui n'en a pas les moyens, a acheté un mouton électrique. De loin, on ne voit pas la différence, les voisins peuvent le prendre pour un véritable ovin mais Deckard lui-même n'en connaît que trop le caractère factice.

La fabrication, la promotion, la vente des animaux artificiels représentent tout un secteur de l'économie, que Dick compare à l'industrie automobile du XXᵉ siècle. Le roman de Dick est

---

1. Dick, *Do Androids Dream of Electric Sheep ?*, *op. cit.*, p. 27, p. 28.

donc, comme les textes de Descartes, peuplé d'animaux artificiels. Seulement, dans le roman de Dick, ceux-ci, qui peuvent
être à peu près « convaincants » ne remplacent jamais les
animaux véritables. La thèse, que l'émotion est propre au
vivant et que la mécanique ne peut pas en rendre les signes
extérieurs, implique une différence, non seulement de l'androïde à l'humain, mais de l'artificiel au vivant. Les animaux ne
sont pas des machines, et les animaux-machines ne font pas
illusion [1]. L'être humain qui les approche, les reconnaît pour ce
qu'ils sont. Seuls les androïdes, qui, n'ayant pas eux-mêmes
d'émotion, réussissent mal à en saisir les signes extérieurs, s'y
laissent prendre.
Cette insensibilité des androïdes aux animaux donne lieu à un
épisode directement inspiré de Descartes. En effet, lorsque
Deckard fait subir à Rachel Rosen un test d'empathie, celle-ci
échoue, et son oncle Eldon Rosen explique l'insensibilité de la
jeune femme par son enfance [2]. Rachel est née et a grandi sur le
Salander 3. Elle n'a donc jamais eu l'expérience directe des
animaux terrestres. Elle ne connaissait notre planète que par la
bibliothèque du vaisseau et la conversation des membres de
l'équipage. Rachel est bien cet enfant qu'imaginait Descartes,
dans cette lettre de 1638 déjà évoquée, grandissant au milieu
des machines, ramené ensuite sur Terre et confronté au règne
animal. Cet enfant, disait Descartes, considérera les animaux
comme des machines, de même nature que les automates avec
lesquels il avait l'habitude de jouer. Et Eldon Rosen, qui
explique de cette façon l'insensibilité de Rachel, semble bien
avoir lu Descartes. Seulement, dans le roman de Dick, l'argu-

1. Dick, *Do Androids Dream of Electric Sheep ?, op. cit.*, p. 70.
2. *Ibid.*, p. 46.

ment cartésien n'est pas valide. L'enfance de Rachel ne suffit pas à expliquer son apathie : Rachel est une androïde. La sympathie avec une vie animale irréductible au règne mécanique n'est pas un préjugé qu'une autre éducation pourrait éliminer mais une expérience, immédiate pour l'être humain et dont les androïdes sont exclus.

Il faut dire toutefois que l'empathie, si elle est immédiate, est toujours ambiguë. Il y a toujours une incertitude sur la nature de l'être que l'on a devant soi. L'androïde, comme l'animal artificiel, est de l'extérieur et à l'observer froidement indiscernable de son analogue naturel. L'être humain en ressent de façon immédiate la froideur. Mais cette impression n'est jamais une preuve objective, bien qu'elle ne puisse pas non plus être écartée. C'est un soupçon qui revient, sans fondement rationnel. L'incertitude, à laquelle sont constamment confrontés les personnages, tient à une tension entre ce qu'ils pensent ou ce que le contexte, des obligations de toutes sortes, les amènent à penser et ce qu'ils ressentent. Une tension, entre une ressemblance objective du visage androïde avec le visage humain, et l'impression inarticulée d'une froideur, d'une inhumanité radicale. Il n'y a que les androïdes qui ignorent cette incertitude, puisqu'ils ne saisissent pas eux-mêmes la froideur des êtres artificiels [1]. Ils ne se reconnaissent pas entre eux et ne distinguent pas, ou difficilement, les animaux artificiels.

---

1. *Ibid.*, p. 100. Phil. Resch, un autre chasseur d'androïdes, a bien décelé cette froideur caractéristique chez Polokov (« Polokov struck me as cold. Extremely cerebral and calculating ; detached »), alors que son supérieur Garland, qui est lui-même un androïde, s'est laissé prendre au jeu de celui-ci.

Le test de Voigt-Kampff fait, du reste, appel à l'humanité de l'examinateur et ne pourrait pas être appliqué de façon purement mécanique, ni réalisé par un androïde. Les réactions du patient, comme la dilatation de pupilles, sont magnifiées, mesurées par l'appareil mais le résultat doit être interprété par un être humain, qui, seul, est capable de sentir la présence de l'émotion. C'est pourquoi également le test n'est pas absolument fiable. On retrouve là les conséquences de la thèse de Watson : si les machines par principe ne peuvent pas exprimer d'émotion, c'est que les signes de l'émotion ne se laissent pas décrire de façon objective, et que les machines elles-mêmes sont incapables de les repérer. Les signes de l'émotion se ressentent mais ne se décrivent pas ou ne se pensent pas.

Il y a une phrase remarquable de Rachel Rosen, qui montre et l'insensibilité et l'intelligence de l'androïde. Deckard a une aventure avec Rachel. Ils sont dans une chambre d'hôtel. Mais Rachel n'est pas une femme, et Deckard ne sait pas bien comment cela va se passer, avec une androïde. Il est peut-être inquiet. Rachel, elle, a l'habitude des hommes, et, tout en se déshabillant, elle lui lance : « c'est convaincant si l'on n'y pense pas trop ». Deckard ne répond rien. Pourtant, la phrase, en l'occurrence, est curieuse. Car c'est lorsque Deckard se laisse guider par une sorte d'impression, vague, et n'y pense pas, que Rachel lui apparaît inhumaine, alors que, s'il y pense, il doit lui reconnaître tous les traits d'une femme. Rachel aurait donc plutôt dû dire : « c'est convainquant tant que l'on ne fait qu'y penser ». Et la phrase, dans sa formulation originale, montre l'insensibilité de l'androïde, qui, au fond, ignore la différence humaine entre penser et sentir. Pourtant, vue sous cet angle, l'erreur est trop grossière pour une intelligence comme celle de Rachel. Par ailleurs, Rachel sait tout des hommes qu'elle approche, puisque, comme on l'apprend plus loin, l'androïde est programmée par le fabricant pour séduire ces chasseurs de primes que, à sa façon, elle met à la retraite. Et, à la réflexion, il faut reconnaître qu'elle a raison dans sa formulation. En fait, ce qui attire Deckard, c'est la froideur, le caractère inhumain qu'il prête à l'androïde. Et, cette insensibilité qu'il cherche, il ne la trouvera que dans l'impression et, précisément, tant qu'il n'y pensera pas. Il suffirait qu'il y pense pour que Rachel devienne une femme, et une femme dont il ne voudrait peut-être pas. La phrase de Rachel convient parfaitement à sa nature d'androïde, et elle assigne donc Deckard à un rôle qui n'est plus humain mais animal : sentir plutôt que penser. (Rachel, qui ne « sentira » rien, continue du reste en exhortant Deckard à abandonner la philosophie, « parce que, d'un point de vue philosophique, c'est sinistre »[1]. C'est la seule mention explicite du caractère philosophique de Rick Deckard).

Il faut aussi noter à propos de cette ambiguïté de l'émotion une divergence entre Dick et Asimov. Asimov a d'abord une image de la machine comparable à celle de Dick[2]. Le robot, pour Asimov, est une machine qui parle mais reste froide, sans émotion et insensible à l'amour, au beau, au bien ou au religieux. Son comportement, absolument amoral, serait donc potentiellement dangereux s'il n'était pas réglé par les trois lois de la robotique. Ces lois sont implémentées dans le cerveau des robots. Ceux-ci sont construits de telle façon qu'ils ne peuvent en aucun cas transgresser ces trois lois.

1. Dick, *Do Androids Dream of Electric Sheep ?*, op. cit., p. 165.
2. Notamment, Asimov, *The Caves of Steel*, op. cit., p. 221.

La première loi stipule qu'un robot ne peut en aucun cas blesser ou tuer un être humain. Or les mésaventures de Deckard mettent bien en évidence la difficulté qui y est contenue. Pour que la loi soit applicable, il faut que le robot puisse reconnaître les êtres humains et les différencier des machines. Mais, imaginons que les progrès de la robotique en viennent à donner au robot un corps qui, de l'extérieur, ne se distingue pas du corps humain. Comme dans le roman de Dick, la différence entre l'humain et la machine tiendra alors seulement à l'émotion. Et il n'est nullement clair que les robots, qui, eux-mêmes, sont dépourvus d'émotions, puissent en repérer les signes et reconnaître l'être humain qu'ils doivent protéger. Il me semble que, ici, Dick est plus cohérent qu'Asimov. Si l'expression de l'émotion ne se laisse pas reproduire de façon mécanique, c'est qu'elle n'a pas d'objectivité ou ne consiste pas en des signes qui se définiraient de façon univoque. L'émotion de l'autre ne sera donc sensible que dans l'ambiguïté et à un être qui est lui-même capable d'émotions. De ce point de vue, la première loi d'Asimov est sans objet.

La question qui se pose maintenant est de savoir d'où viennent ces émotions qui, pour Dick, font le propre de l'homme. Il faut à ce propos évoquer le rôle que joue la « boîte Penfield » ou « l'orgue à humeur » (« *mood organ* »). Il s'agit d'une console sur laquelle on peut programmer à l'avance son humeur, avec toutes les émotions qui l'accompagnent : un repos bien mérité ; une dépression sans fond ; avoir envie de regarder la télévision quel que soit ce qui passe. A la différence d'instruments analogues dans d'autres textes de Dick, la boîte Penfield semble fonctionner de façon purement physique, induisant une humeur chez l'usager par de légères décharges électriques [1]. C'est donc dire que les humeurs, les émotions, peuvent être produites dans le corps humain de façon mécanique. Il y a du reste un autre indice de ce soubassement physique des émotions humaines. Deckard, en effet, est convaincu que l'existence de l'émotion chez l'homme est liée à l'évolution de l'espèce, l'empathie en particulier apparaissant comme un élément central pour la survie de cet animal grégaire qu'est l'être humain [2]. C'est l'évolution naturelle qui aurait donné à l'espèce humaine un système d'émotions augmentant ses chances de survie.

L'émotion, avec ses manifestations extérieures, apparaît donc comme un mécanisme physiologique. Cette hypothèse est tout à fait cartésienne. Descartes pensait rendre compte des passions par le mouvement des esprits animaux et leur influence sur cette glande pinéale, qu'il avait découverte au milieu du cerveau. Cependant, cette perspective, d'une production physiologique des émotions, est difficilement conciliable avec la thèse de Dick, que les émotions font le propre de l'homme et que les machines sont incapables d'en manifester même les signes extérieurs. Si les émotions et leurs expressions extérieures sont déterminées par un mécanisme physiologique, il devrait être possible de reproduire ce mécanisme chez l'androïde (d'autant plus qu'on lui a donné un corps presque identique au corps humain).

Il est vrai que Deckard évoque au détour d'une phrase un dispositif, un défaut en réalité, placé à dessein dans le cerveau des androïdes et qui leur interdit de participer au « Mercerisme »,

1. Dick, *Do Androids Dream of Electric Sheep ?*, *op. cit.*, p. 3.
2. *Ibid.*, p. 27.

la religion en vogue dans ce XXIᵉ siècle [1]. Le Mercerisme est fondé sur l'empathie. Il est donc possible de penser que la froideur des androïdes, l'absence d'empathie est voulue par le constructeur et n'est due qu'à un module spécifique dans leur cerveau qui les exclut de l'émotion. C'est la lecture qui gouverne le film, *Blade Runner*, que Ridley Scott a tiré du roman de Dick. Ici, les hommes tiennent (pour une raison qui reste assez obscure) à empêcher les androïdes de développer leurs propres émotions. Le moyen pour cela est radical. Il suffit de faire en sorte que ces machines « s'éteignent » d'elles-mêmes au bout de quelques années, avant d'avoir eu le temps de se construire un système d'émotions et, en quelque sorte, une personnalité.

Pourtant, c'est, je crois, une lecture partielle du roman de Dick. Elle amène à réduire à un simple fait, une simple insuffisance de fait, l'insensibilité, l'apathie, qui, pour Dick, définit les machines. Par ailleurs, cette incise, sur le « défaut » des androïdes intervient très tard dans le roman, de façon très rapide et ne concerne spécifiquement que l'expérience du « Mercerisme ». Il me semble donc qu'il faut prendre au sérieux, plutôt que de l'écarter en invoquant ce « défaut délibéré » laissé dans le cerveau des androïdes, la tension entre les deux thèses : d'un côté, l'émotion est le propre de l'homme, les robots étant par principe incapables d'en imiter ou d'en déceler les manifestations extérieures ; de l'autre côté, l'émotion chez l'homme est occasionnée par des phénomènes physiques. Les décharges électriques de la boîte Penfield ne font que prendre la place des esprits animaux de la physiologie cartésienne. Ces deux thèses, qui semblent contradictoires,

---

1. Dick, *Do Androids Dream of Electric Sheep ?*, *op. cit.*, p. 158.

sont au centre de l'idée de l'homme, de l'image de l'homme et de la machine que véhicule la science-fiction. Je n'ai trouvé dans le roman de 1968 aucun élément qui permette de les concilier.

Dans ses textes ultérieurs, Dick semble renoncer à la thèse cartésienne, que l'émotion ait un soubassement physiologique. L'empathie définit l'humain, et il faudrait dire qu'une machine qui en est capable est « humaine », aussi humaine que les êtres humains. Mais Dick pose maintenant que l'empathie est inexplicable par la physiologie de son agent. Sa source, notre humanité donc, n'est pas plus dans le corps de la machine que l'âme cartésienne. En fait, la source de l'émotion, comme l'âme cartésienne, est attachée au corps de la machine mais reste distincte de celui-ci, et rien ne la manifeste dans ce mécanisme. C'est en ce sens, je crois, qu'il faut comprendre ce passage assez obscur d'un essai de 1976 :

> Si un dispositif mécanique interrompt ses opérations pour venir à votre aide, vous lui reconnaîtrez, avec gratitude, une humanité qu'aucune analyse de ses transistors ou de ses circuits de transmission ne permettra d'élucider. Un scientifique, qui analyserait les circuits électriques de cette machine pour localiser son humanité serait comme notre savant qui essaye en vain de localiser l'âme dans l'homme et, faute de trouver un organe particulier placé en un point précis, préfère refuser d'admettre que nous avons une âme. Ce que l'âme est à l'homme, l'homme l'est à la machine. [1]

Partant de l'idée que l'émotion est le propre de l'homme, Dick a le choix entre deux options : ou bien accepter que l'expression de l'émotion est le produit naturel d'un mécanisme phy-

1. Dick, *The Shifting Realities of Ph. K. Dick*, *op. cit.*, p. 212.

siologique et jouer avec deux thèses apparemment inconciliables ; ou bien distinguer la source des émotions des mécanismes corporels pour la réaliser dans une sorte d'âme et retrouver alors le problème cartésien de l'union de l'âme et du corps. Si l'on suit cette deuxième voie, il faut bien considérer le support de l'émotion, cela qui en l'homme donne lieu à l'émotion et lui permet de l'exprimer, comme une sorte d'âme, distincte du corps. L'expression de l'émotion, à laquelle on reconnaît les humains et que ne peuvent pas à imiter les androïdes, devient alors l'exact analogue de la parole cartésienne : le signe d'une âme que possède l'homme et dont est dépourvue la machine. Le dualisme cartésien est simplement déplacé, avec un support de l'émotion à la place de la substance pensante. Dans ses Essais ou dans la cosmologie de *Valis*, Dick emprunte du reste le registre de la philosophie, sans forcément réussir à résoudre ces nouveaux problèmes. En fait, le roman de 1968 semblait déjà indiquer, en utilisant des hypothèses apparemment inconciliables, que, comme l'union de l'âme et du corps et la possibilité de la parole, l'émotion proprement humaine se vit, se raconte dans des « conversations ordinaires » mais ne se pense pas[1].

---

1. Descartes à Elisabeth, 28 juin 1643, « Bibliothèque de la Pléiade », Paris, Gallimard, p. 1158 ; A. T., t. III, p. 692.

complément 2 : invisible et intangible [1]

Ces insensés … s'imaginent être des cruches,
ou avoir un corps de verre.
Mais quoi ? Ce sont des fous.
Descartes, *Méditations métaphysiques*

Merleau-Ponty met au centre de son ontologie une propriété du toucher, « la réversibilité », qu'il généralise à toute perception et, en particulier, à la vision. Le point de départ de Merleau-Ponty est sans doute la discussion de Husserl, dans le deuxième volume des *Idées directrices*, sur la main touchante et la main touchée. Lorsque la main gauche touche le papier, la main droite peut venir toucher la main gauche. Celle-ci est donc touchante en même temps que touchée. C'est, selon Merleau-Ponty, le geste même de toucher, ce toucher logé dans la main gauche caressant le papier, qui devient lui-même tangible et que peut donc saisir la main droite. Il y a « un véritable toucher du toucher, quand ma main droite touche ma main gauche en train de palper les choses, par lequel le "sujet touchant" passe au rang de touché, descend dans les choses, de sorte que le toucher se fait du milieu du monde et comme en elles » [2].

Le toucher semble exiger que la main qui le porte soit de même nature que la chose touchée et, par conséquent, puisse elle-même être touchée. La main qui touche doit être tangible comme la chose elle-même. Le corps touchant se fait tangible.

---

1. Cette étude a été exposée lors d'un colloque à l'université de Compiègne, « Le virtuel et le tangible : ce qui résiste », à l'invitation de B. Olszewska.
2. Merleau-Ponty, *Le visible et l'invisible*, Paris, Gallimard, p. 176.

Il acquiert les attributs des choses. Il s'inscrit donc lui-même dans le champ, le monde, qu'il explore. Or cette réversibilité du toucher, qui se laisse lui-même toucher, et cette insertion du sujet touchant dans les choses touchées, qui en découle, se retrouvent, selon Merleau-Ponty, dans tout rapport à l'être : « L'idée de *chiasme*, c'est-à-dire : tout rapport à l'être est *simultanément* prendre et être pris, la prise est prise, elle est inscrite au même être qu'elle prend » [1].

Ainsi, Merleau-Ponty généralise la réversibilité du toucher pour, en particulier, mettre en évidence la même propriété dans la vision. Pour voir, il faut donc que je sois visible, ou que l'œil qui voit soit visible au même titre que la chose vue. Le sujet sensible, voyant et touchant, doit être de même nature que les choses, visible et tangible comme elles. La perception ne peut se faire que de l'intérieur du monde et dans un corps, qui possède les attributs des choses. Le toucher, avec sa réversibilité apparemment immédiate, est le modèle à partir duquel Merleau-Ponty pense la vision. « Nous savons que, puisque la vision est palpation par le regard, il faut qu'elle aussi s'inscrive dans l'ordre d'être qu'elle nous dévoile, il faut que celui qui regarde ne soit pas lui-même étranger au monde qu'il regarde » [2].

La notion de réversibilité est au fondement de l'ontologie de Merleau-Ponty. La perception, si elle est « réversible », se fait du dedans des choses et dans un corps qui, par un côté, est « une chose parmi les choses ». Et, en ce sens, Merleau-Ponty peut caractériser son projet comme « une ontologie du dedans ». Pourtant, à propos de la vision, la thèse de la

---

1. Merleau-Ponty, *op. cit.*, p. 319.
2. *Ibid.*, p. 177.

réversibilité n'est pas immédiate. Faut-il vraiment être visible pour voir ? Ne peut-on pas imaginer un voyant invisible ? Et invisible en quel sens ? Dans quelle mesure peut-on imaginer que le visible est visible pour un être en dehors du visible, extérieur au visible ? Je voudrais donc confronter cette thèse de la réversibilité de la vision à différentes images de l'homme invisible dans les écrits de H. G. Wells.

L'homme invisible intervient dès le début de la philosophie, puisque, dans *La République*, Platon rapporte l'histoire de Gygès qui se rendait invisible en tournant le chaton de son anneau. Cela dit, je laisserai de côté le texte de Platon pour discuter uniquement des histoires de Wells. D'abord, Wells imagine, dans ses nouvelles en particulier, toute une série de voyants invisibles, avec des caractères différents ou dans des situations différentes, et qui, par conséquent, permettront une analyse plus circonstanciée du visible et de sa réversibilité. Mais, d'autre part, s'il est légitime de confronter la thèse de Merleau-Ponty à un être imaginaire, c'est dans la mesure où cet être imaginaire est reconnu comme un être possible, dans la mesure où cet être imaginaire est un objet que nous acceptons et, si l'on veut, auquel nous reconnaissons une vie. Or c'est bien, je crois, le cas de l'homme invisible de Wells. L'homme invisible est une possibilité à laquelle nous adhérons, sans quoi nous ne pourrions accepter que l'on nous raconte ses mésaventures. Mais l'homme invisible de notre imaginaire est plutôt celui de Wells qui se rend invisible par un procédé physico-chimique, que celui de Platon, qui tourne le chaton d'une bague magique.

Je voudrais développer un peu cette question de la légitimité du recours à des êtres imaginaires dans une analyse phénoménologique. Mon but, sur l'exemple de l'homme invisible, est

bien de tenter une phénoménologie imaginaire, une phénoménologie qui s'appuie pour analyser notre expérience sur des
êtres imaginaires. En principe, il n'y a rien de paradoxal à
évaluer une thèse phénoménologique, comme celle de la
réversibilité de la vision, sur un exemple imaginaire. Une telle
thèse, si elle énonce une propriété de l'expérience, si elle doit
prendre une portée ontologique et non simplement anthro-
pologique, doit valoir pour tout être possible, y compris Dieu si
Dieu est un être possible. C'est ainsi que Husserl, dans les *Idées
directrices* notamment, engage précisément à recourir à des
« variations eidétiques », ou imaginatives, pour fonder les
thèses phénoménologiques. Une thèse phénoménologique, qui
énonce une propriété essentielle de l'expérience en général,
repose sur une variation imaginative, qui l'évalue pour tout
sujet possible dans tout monde possible, possible c'est-à-dire
que l'on puisse imaginer. La seule difficulté est de savoir quels
êtres on peut véritablement imaginer, et il n'est pas clair que
Husserl accorderait que l'on puisse imaginer et considérer
comme possible un être, comme l'homme invisible, que les
sciences déclareraient absurde.

La question est de déterminer dans quelles conditions on peut
reconnaître comme possible un être imaginaire. Cette question
a plusieurs niveaux. D'abord, il faut savoir si l'on peut toujours
imaginer un être, une chose, que l'on décrit. Prenons l'exemple du désordre. Dans *L'évolution créatrice*, Bergson montre que
l'on ne rencontre jamais le désordre. Ce que l'on appelle le
désordre, c'est toujours un ordre mais un ordre seulement différent de celui que l'on attend. En entrant dans une chambre
« en désordre », on espérait un ordre logique, des choses
rangées d'une façon qui satisfasse l'esprit, et on les trouve dans
l'ordre de la vie, dans l'ordre dans lequel un être vivant et

remuant comme un enfant les abandonne au gré d'une activité changeante. Il est donc également impossible d'imaginer le désordre. En croyant imaginer le désordre, on ne fait que se fixer un ordre, un ordre logique, et en imaginer un autre, celui de la vie. Le désordre, ou une description du désordre, sont des mots pour une situation que l'on ne peut pas réellement imaginer.

Il y a une véritable difficulté et, en effet, c'est seulement par une analyse des êtres, des situations, imaginaires que l'on peut décider si ce qui est décrit se laisse imaginer. Cette analyse, il faut la faire cas par cas.

Cela dit, la question est également de savoir dans quelle mesure un être imaginaire, un être que l'on peut imaginer, est un être possible, sur lequel il est légitime d'évaluer une thèse phénoménologique. Or, ici, il me semble qu'il faut reconnaître à notre imaginaire une certaine solidité et, en particulier, une indépendance relative vis-à-vis de nos sciences. Nos sciences dans leur état actuel peuvent considérer l'homme invisible, pour prendre cet exemple, comme un être impossible, un être qui jamais ne pourrait exister. Il reste que nous pouvons l'imaginer, l'imaginer dans notre monde ou se cachant, comme le raconte Wells, dans un village du sud de l'Angleterre. Si l'on veut analyser l'expérience telle qu'elle vaut pour nous (et non l'expérience telle que le savant peut la concevoir), il faut évaluer nos thèses sur tous les êtres que nous pouvons imaginer, imaginer comme possibles dans notre expérience, alors même que nos sciences les excluent.

Je ne veux pas dire que notre imaginaire est absolument indépendant du contexte scientifique. Si, par exemple, nous acceptons spontanément plus facilement l'histoire de Griffin qui se rend invisible par un procédé chimique, que celle de

Gygès qui utilise une bague magique, c'est en lien à une certaine idée de nos sciences. Cette idée, ce fantasme peut-être, que nous avons des sciences peut être inexacte mais, manifestement, elle est amenée par le progrès même des sciences et des techniques, elle renvoie donc à une situation historique. Notre imaginaire est solidaire d'une situation historique, d'un contexte aussi bien politique que scientifique. Néanmoins, notre imaginaire, s'il dépend d'un contexte scientifique au sens large, n'est pas borné par les thèses explicites de nos sciences. Il n'est pas déterminé par les possibilités, ou les impossibilités, que décrètent de façon explicite nos sciences dans leur état actuel. Dans cette mesure, que l'homme invisible soit un être absurde d'un point de vue physique, ou biologique, ne l'exclut pas de notre imaginaire et des êtres possibles de notre expérience, des êtres donc auxquels une phénoménologie doit se mesurer.

L'homme invisible, un court roman que publie Wells en 1897, raconte les mésaventures d'un médecin, chimiste, Griffin, qui, par une opération physico-chimique assez compliquée, réussit à se rendre invisible. Sans autrement changer ses fonctions biologiques, il réussit à donner à son corps l'indice de réfraction de l'air, la lumière passe à travers son corps comme à travers l'air environnant. Griffin peut parler et on l'entend, on peut le toucher, l'attraper, le blesser. Il sera d'ailleurs tué par la foule. Mais on ne peut pas le voir. Comme son ancêtre Gygès, Griffin espère beaucoup de cette invisibilité, la richesse, le pouvoir. Seulement, il s'est rendu invisible avant d'avoir pensé au procédé qui lui permettrait de se rendre visible à nouveau. Et il se rend compte peu à peu que les opérations les plus banales de la vie quotidienne, dans l'Angleterre moderne, deviennent très compliquées lorsque l'on est invisible.

L'homme invisible est-il un contre-exemple à la thèse de la réversibilité de la vision, telle que l'énonce Merleau-Ponty ? La réponse, je crois, est négative. En effet, Griffin n'est pas invisible au sens où il serait hors du visible. Il est seulement transparent[1]. C'est à dire, il possède un corps, un corps que l'on peut toucher et qui occupe un certain volume. Il voit par ses yeux, c'est-à-dire d'un certain point de vue ou à partir d'une certaine zone. Il suffirait d'ailleurs de lui bander les yeux, de masquer cette zone d'où se fait sa vision, le haut du visage, pour le rendre aveugle. Griffin, en tant qu'être voyant, n'est pas extérieur au visible. La vision, comme le veut Merleau-Ponty, se fait du dedans du monde et par l'intermédiaire d'un corps, qui possède les attributs des choses. Le corps voyant de « l'homme invisible » est visible mais transparent. On voit à travers comme on voit à travers d'autres choses, le verre des vitres.

A la limite, il est même possible de donner un statut à l'homme invisible, c'est-à-dire à cet homme transparent, dans l'ontologie de Merleau-Ponty. Imaginons un monde dont nous serions le seul être vivant et où il n'y aurait pas non plus de miroir. Jamais nous ne pourrions connaître la couleur de nos yeux, ni les propriétés visibles de cette partie du visage, le haut du visage, où se trouvent nos yeux et que nous ne voyons jamais nous-mêmes. Nous saurions néanmoins que notre visage, ce avec quoi nous voyons mais que nous ne voyons pas, est visible comme les choses. Nous pouvons le toucher, il occupe une certaine zone dans le champ du visible, il doit donc lui-même être visible. D'un point de vue phénoménologique, le pur

1. C'est du reste un terme que lui-même emploie (*The Invisible Man*, Pan Books, 1989, p. 89).

voyant, dans ce monde, serait donc un visible sans qualités propres, sans aucune couleur et, par conséquent, transparent. L'homme invisible est le corps voyant dans un monde où il n'y aurait que des choses. Il répond à cette phrase de Merleau-Ponty : c'est, avant que nous apercevions d'autres voyants, « ce fantôme de nous-mêmes que [les choses] évoquent en désignant une place parmi elles »[1].

Néanmoins, l'exemple de l'homme invisible, s'il ne contredit pas la thèse de la réversibilité de la vision, telle que l'entend Merleau-Ponty, me semble mettre en question l'analogie du toucher et de la vision. L'homme invisible représente un corps voyant, qui n'est pas hors du visible mais constitue, en quelque sorte, un zéro de visibilité. Griffin s'est peu à peu effacé jusqu'à devenir transparent tout en restant voyant. Or peut-on imaginer, par analogie, un être touchant qui serait transparent au toucher, qui pourrait donc toucher sans être touché, comme l'homme invisible peut voir sans être vu ? Est-ce que le toucher comporte le même zéro que la vision ?

Je ne connais pas d'histoire qui, clairement, fasse intervenir un homme intouchable comme l'homme invisible. Evidemment, les fantômes, que nous ne pouvons pas saisir ni toucher, ne sont pas intangibles en ce sens puisque eux-mêmes ne peuvent pas non plus nous toucher. Nous cherchons un être qui pourrait toucher sans lui-même être touché. Mais imaginons que cet homme intangible veuille me serrer la main, il me prendrait la main, toucherait ma main alors que, moi-même, je ne pourrais pas sentir sa main et que ma main se refermerait dans le vide. Il y a là, semble-t-il, quelque chose d'impossible. Ce zéro, cette transparence de l'être sentant, qu'illustre dans le

1. Merleau-Ponty, *op. cit.*, p. 188.

cas de la vision l'homme invisible, ne semble donc pas exister dans le cas du toucher.

Pourtant, ce zéro de tangible, qui pourrait toucher sans être touché, se laisse approcher. Considérons une fourmi ou l'un des lilliputiens des voyages de Gulliver qui marche sur ma main. Je ne le sens pas, ou à peine, alors que, lui, peut toucher, palper ma main. Le lilliputien serait ainsi presque intangible, presque transparent mais non absolument comme l'est homme invisible dans le cas de la vision. En effet, le lilliputien, même s'il se réduisait encore, resterait tangible pour un être qui aurait une sensibilité plus aiguë que la mienne, alors que l'homme invisible est absolument transparent, quelle que soit l'excellence de ma vision. Pour être absolument intangible, il faudrait que le lilliputien se réduise à néant et disparaisse, ce qui, apparemment, lui interdirait lui-même de toucher.

Il est vrai que, pour approcher ce zéro du toucher, nous pourrions au lieu de réduire le volume de l'être touchant, faire varier sa consistance. Il y a eu une nouvelle de Wells sur ce modèle, « Le corps volé ». C'est l'histoire de M. Bessel qui, par des exercices de méditation, réussit à quitter son corps. Il se fait du reste voler son corps par une âme errante qui s'y introduit au moment où lui-même l'abandonne. Bessel veut prévenir son ami M. Vincey. Or il a gardé, en quittant son corps humain, une espèce de corps fantomatique (« shadowy »). Il avise un passant, dans la rue, et, avec l'un de ses « bras », essaye de lui taper gentiment sur l'épaule. Mais sa main rencontre « une résistance imperméable », comparable à celle « d'une feuille de verre », et Bessel ne réussit pas à attirer l'attention de l'homme.

Dans une certaine mesure, si, en tapant sur l'épaule du passant, Bessel sent quelque chose, une résistance, c'est que

Bessel touche l'homme, sans lui-même être tangible, puisque l'autre ne s'aperçoit de rien. Néanmoins, Bessel reste relativement intangible, comme le lilliputien dans la main de Gulliver. Le mouvement de Bessel, lorsqu'il frappe ce corps qui lui semble dur comme du verre, peut être aussi léger que l'on veut, il exerce une action sur ce corps, que pourrait saisir une sensibilité plus aiguë. C'est du reste ce qui se passera lorsque Bessel réussira à caresser « l'œil pinéal » de son ami Vincey[1]. « L'œil pinéal » est, selon Wells, une petite glande située à peu près au milieu du cerveau et qui est sensible au toucher de ces âmes sans corps qui nous entourent.

Ainsi, l'homme invisible, s'il ne constitue pas un contre-exemple à la thèse de la réversibilité de la vision, marque une différence entre le toucher et la vision. L'homme invisible possède un corps visible mais transparent, c'est-à-dire occupe une zone dans le visible mais dépourvue de tout contenu et où les qualités visibles, les couleurs, se sont effacées pour se réduire à zéro. Mais ce corps transparent, ce zéro de visible, peut rester voyant. Or une telle transparence de l'être sentant n'existe pas dans le toucher. On ne peut pas imaginer de corps touchant qui ne puisse pas en principe être touché. On peut imaginer des corps touchants presque intangibles. Le corps touchant peut approcher d'un zéro de tangible mais ne peut pas l'atteindre. La transparence de l'homme invisible, ce zéro de visible qui reste voyant, semble donc constituer une limite, que la vision peut atteindre et que le toucher ne peut qu'approcher. Le problème serait de comprendre d'où vient cette différence entre le toucher et la vision. Nous l'avons vu, l'homme invisible semble représenter le pur voyant, tel qu'il se voit dans les

1. *The Complete Short Stories of H.G. Wells*, Londres, Pan Books, 1989, p. 519 et 521.

choses, c'est-à-dire dans un monde qui ne connaîtrait pas autrui. Du fait même qu'il voit, le voyant prend place parmi les choses, une place définie, puisqu'il y a une zone relativement circonscrite d'où il voit. En ce sens, le voyant a un visage, des yeux d'où il voit mais qu'il ne voit pas lui-même. S'il est phénoménologue, s'il croit que les choses sont comme elles apparaissent, il doit accepter que ces yeux, cette zone d'où il voit, sont inscrits dans le visible sans posséder aucune qualité propre. Le pur voyant, les yeux du voyant, dans ce monde sans autrui, sont donc transparents.

Considérons maintenant l'être touchant dans ce monde de choses. L'être touchant n'aura jamais la transparence de l'être voyant. En effet, lorsque je touche une chose, je peux faire apparaître le tangible de la chose, ses qualités tactiles, le lisse ou le froid, en même temps que mon propre tangible. Du même coup, la chose apparaît froide et ma main chaude. Je passe la main sur la table, je sens la surface lisse et je m'aperçois que ma peau est plus rugueuse. Ainsi, alors que la vision situe le voyant dans le visible tout en le laissant transparent, le toucher est susceptible de dévoiler le tangible même, les qualités propres, de l'être touchant. Le monde des choses donne déjà à l'être sentant des qualités, un tangible propre, et lui interdit donc la transparence.

Il me semble impossible d'imaginer un toucher qui ne donne pas ainsi un contenu, fût-il en quelque sorte neutre, à l'être touchant. Réfléchissons sur les conditions minimales du toucher. A quelle condition puis-je faire apparaître dans le champ de mon expérience et, disons, sur la table devant moi un tangible ? Ce tangible, cette étendue disons rugueuse qui se dessine dans le champ de mon expérience, a une forme, plus ou moins précise. Cette forme définit la zone où je touche et d'où je touche, quelque chose comme une main. En outre, le toucher, ce dessin d'un tangible, semble supposer une sorte de résistance, une résistance de ce que l'on touche par rapport à ce avec quoi on touche. Il faut que ce que je touche puisse résister aussi légèrement que ce soit et, par conséquent, s'oppose à quelque chose avec quoi je touche, qui possède alors une certaine consistance, peut également être touché et prend un contenu dans le champ du tangible. Ce contenu peut être en quelque sorte neutre mais il n'est pas vide. Il est possible que ce avec quoi je touche n'apparaisse pas avec des qualités particulières, comme chaud ou froid, lisse ou rugueux, mais se donne seulement comme plus ou moins résistant. C'est ce qui arrive si ma main est engourdie. Je touche la table, et je ne remarque par d'autres qualités que la résistance de ma main contre la table. C'est également ce qui arrive à Bessel dans l'histoire que j'évoquais. En fait, Bessel passe à travers les choses, sans les toucher, mais se heurte aux êtres humains, dont le corps lui semble solide, impénétrable comme du verre. Mais, en transformant un peu la nouvelle de Wells, on pourrait considérer Bessel, avec ce corps particulier qui lui reste après qu'il a quitté son corps humain, comme un être dont le champ tactile se réduit à de plus ou moins grandes résistances et qui, lui-même, ne se connaît que comme plus ou moins résistant, plus ou moins consistant, devant les choses.

La résistance, ou l'opacité, que doit présenter l'être touchant est liée à la réflexivité propre du toucher. L'être touchant se touche en même temps qu'il touche les choses, alors que l'être voyant se situe dans les choses sans s'y voir avec aucune qualité. Il y a bien une différence entre la réflexivité du toucher et celle de la vision. C'est d'abord la réflexivité inachevée de la vision, le voyant se reconnaissant dans le visible sans s'y donner aucune qualité, qui rend possible la transparence du voyant. Cependant, on pourrait imaginer une situation où la vision aurait la même réflexivité que le toucher et où, pourtant, le voyant resterait invisible. Imaginons un monde dans lequel les choses, toutes les choses, feraient miroir. Chaque chose que je regarde me renvoie ma propre image comme un miroir. Je regarde le mur dont je distingue la couleur, les inégalités mais il s'y superpose ma propre image, comme à la surface de l'eau. Ainsi, dans ce monde de miroirs, le voyant se voit lui-même en même temps qu'il voit quelque chose. La vision est devenue réflexive comme le toucher. Pourtant on peut parfaitement placer dans ce monde de miroirs un homme invisible. On peut supposer qu'un nouveau Griffin invente un procédé qui le rend invisible ou, plus exactement, transparent, de sorte que les choses, ces miroirs, qu'il regarde ne renvoient plus aucune image. Une vision qui, dans ce monde de miroirs, possèderait la même réflexivité que le toucher ne rendrait donc pas impossible la transparence du voyant.

Evidemment, dans ce monde de miroirs la réflexivité nouvelle de la vision est, pour ainsi dire, accidentelle. C'est une propriété supplémentaire qui s'ajoute, un complément qui parachève sa réflexivité normale. Dans son fonctionnement normal, la vision ne fait que placer le voyant dans les choses, alors que le toucher donne à l'être touchant des qualités propres, un contenu qui peut rester neutre mais n'est pas vide. Et c'est pourquoi l'être voyant, mais non l'être touchant, peut rester transparent devant les choses. Néanmoins, la situation précédente, le monde des miroirs, montre que la réflexivité inachevée et la transparence du voyant, qui en découle, ne sont pas liées à ce que la vision est un sens à distance. Dans ce monde de miroirs, en effet, la vision est un sens à distance qui est réflexif comme le toucher, c'est-à-dire qui donne un contenu propre à l'être sentant. La distance de la vision n'implique nullement l'inachèvement de sa réflexivité. Inversement, on pourrait considérer le goût comme un sens de contact qui ne possède que la réflexivité inachevée de la vision. Car goûter une saveur suppose en effet que la bouche, la langue, ait une consistance et qu'elles soient donc tangibles mais non qu'elles aient elles-mêmes une saveur définie. Il y a, comme on dit, des choses qui n'ont « aucun goût » et sont donc transparentes au goût comme le verre des vitres à la vision. Les deux oppositions, sens de contact ou sens à distance, d'un côté, et, de l'autre, existence d'une transparence ou non, réflexivité complète ou partielle, sont donc indépendantes. *L'invisibilité de l'homme invisible joue sur une propriété, première et originale, de la vision, la transparence, l'existence d'un zéro, qui ne se déduit pas de ce qu'elle est un sens à distance.*

Je voudrais maintenant évoquer d'autres voyants invisibles dans les textes de Wells, dans le but, toujours, de mettre à l'épreuve les thèses de Merleau-Ponty sur la réversibilité de la vision et du toucher. Or nous avons vu que, si l'homme invisible atteint cette limite de la transparence, ce stade du pur voyant qui ne se voit que dans les choses, c'est-à-dire comme une zone sans contenu, ce voyant invisible ne s'est pas encore extrait du visible. Le visible n'est encore visible que du dedans et pour un être qui est situé en son sein. Il s'agit maintenant d'examiner d'autres voyants invisibles pour comprendre dans quelle mesure ils peuvent, ou non, sortir du visible.

Avant tout, il faut dire que le procédé qu'invente Griffin, qui consiste à donner à son corps l'indice de réfraction de l'air n'est qu'une modalité parmi d'autres de cette réduction à la transparence. Le corps de Griffin est tout entier transparent, dans toute son épaisseur. Mais on peut d'abord imaginer un être que seule sa peau rende invisible. Ce serait une sorte de caméléon humain, dont la peau, ou le vêtement, reproduirait parfaitement les surfaces devant lesquelles il se trouve. L'homme-caméléon est bien invisible, on voit à travers, ou on croit voir à travers, bien que sa chair elle-même, sous cette peau, reste visible. On rencontre de tels caméléons dans le roman de W. Gibson, *Neuromancer*. L'un des personnages possède une sorte de manteau à capuche ou, plus exactement, terminé par une cagoule et qui se teinte pour imiter le milieu dans lequel se trouve le porteur. On ne voit plus que des yeux, à travers les trous de la cagoule, dans le vide. Cette variation sur l'homme invisible me semble bien montrer que celui-ci ne s'est pas extrait du visible mais seulement, d'une façon ou d'une autre, rendu transparent.

L'inscription du voyant-invisible au visible est encore illustrée par une autre histoire de Wells, « Le remarquable cas des yeux de Davidson ». Davidson n'est pourtant pas un homme invisible de la même façon que Griffin. Son « cas » est un peu plus compliqué. Davidson, qui travaille dans un laboratoire, rate son expérience, le mélange explose, et il se produit alors un phénomène bizarre. Pour donner d'emblée l'interprétation du narrateur, qui est un collègue de Davidson, celui-ci va, pendant quelque temps, « vivre visuellement dans une partie du monde et vivre corporellement dans une autre »[1]. Lorsque le narrateur arrive dans le laboratoire, alarmé par la déflagration, Davidson erre dans la pièce, se cognant aux meubles comme un aveugle. En fait, Davidson ne voit pas ce qui se passe dans la pièce mais ce qui se passe à l'antipode, sur une île du Pacifique.

---

1. *Wells, op. cit.*, p. 70.

Par un phénomène physique qui restera inexpliqué, son champ visuel s'est déplacé, tandis que son corps restait dans ce laboratoire londonien. Ses collègues peuvent le voir, lui prendre la main, le toucher donc, et lui-même les sent lui prendre la main. Seulement, il ne les voit pas. Il voit une plage déserte, où il n'est pas. Il ne se voit pas lui-même, puisqu'il voit réellement la plage sur cette île de l'autre côté de la Terre, avec les choses qui s'y trouvent. Et lui-même n'y est pas, il est dans le laboratoire. Davidson est donc, sur cette île du Pacifique, un voyant-invisible, un voyant dont le corps reste invisible et qui ne se voit pas lui-même. Sur l'île, il ne peut non plus toucher, ni être touché. Il passe à travers les choses comme un fantôme. Pourtant, juste après l'explosion, Davidson commence par croire avoir réellement été transporté sur cette île qu'il peut voir. Le fait alors d'échapper au champ du tangible, de ne pouvoir ni toucher, ni être touché, pourrait lui donner à penser qu'il n'a plus de corps, qu'il s'est désincarné. Mais ce n'est pas du tout le cas. Davidson a d'emblée l'impression d'avoir pris sur l'île un corps invisible et sans consistance [1]. Il parle de ses yeux et, plus curieusement, de ses mains, alors que, sur l'île, il ne peut ni les voir, ni les toucher, ni rien toucher des choses qui l'entourent. Le simple fait de voir semble ici impliquer la donnée d'un corps voyant, qui a une réalité visible. C'est comme si Davidson s'était dédoublé gardant d'un côté (à Londres) un corps touchant et touché, prenant ailleurs (sur l'île) un autre corps voyant mais transparent et fantomatique, inconsistant.

Le cas de Davidson illustre bien l'idée de voyant transparent, l'idée que les choses visibles, à elles seules, situent le voyant

1. « We seem to have a sort of invisible body », *Wells, op. cit.*, p. 65.

dans un corps transparent. Mais le dispositif mis en place par Wells permet également de vérifier l'opacité du toucher, qui ne connaît pas cette transparence de l'être sentant. On pourrait, en effet, imaginer que non seulement la vision mais également le toucher de Davidson, se soient déplacés. Disons donc que Davidson, en se réveillant, observe une plage déserte et peut toucher ce qui s'y trouve, les rochers devant lui par exemple. Il entend ses collègues qui l'appellent et qui, eux, le voient debout dans le laboratoire, un peu perdu. Comme précédemment, Davidson, sur l'île, ne voit pas son propre corps. Mais il se reconnaît dans une certaine position, il se rend compte qu'il voit d'une certaine zone, située à une certaine hauteur du sol. Il commence donc par se prêter un corps transparent. Cependant, s'il peut toucher les rochers devant lui, il faut que ce corps touchant, transparent dans le visible, soit également tangible. Il faut que quelque chose comme une main puisse se tendre vers le rocher et s'arrêter, s'appuyer contre le rocher, sans passer à travers. Il faut donc que cette main possède une consistance et, bref, qu'elle soit tangible. Si le rocher est en réalité un animal, tapi dans l'obscurité, celui-ci sentira la main qui le palpe. Davidson, voyant et touchant sur l'île, possédera un corps transparent dans le visible mais opaque dans le tangible. Il se sera alors véritablement dédoublé, avec un corps visible et tangible, dans ce laboratoire londonien, et un corps transparent mais également tangible, sur l'île. Il faudrait aussi supposer que les sensibilités tactiles de ces deux corps, le corps londonien et le corps insulaire, puissent, d'une façon ou d'une autre, se juxtaposer ou s'additionner l'une à l'autre. Une question, du coup, serait de savoir si, lorsque son collègue lui prend la main droite pour le guider vers la porte du laboratoire, Davidson peut deviner, en interrogeant simplement sa double sensibilité, où on lui prend la main, à Londres ou sur l'île, ou laquelle de ses deux mains droites on lui attrape, celle de son corps londonien ou celle de son corps insulaire.

Abandonnons pourtant Davidson. Jusqu'ici, les voyants invisibles qu'imagine Wells ont permis de mettre en évidence l'existence d'une transparence, d'une limite pour l'être sentant, que la vision peut atteindre et que le toucher ne peut qu'approcher. Mais aucun d'eux n'a conduit à mettre en question la thèse de Merleau-Ponty, que la vision suppose l'inscription du voyant dans le registre du visible : la vision se fait du dedans du visible. Je ne veux pas faire l'inventaire des voyants invisibles de Wells. Je laisse de côté les deux personnages du « Nouvel accélérateur »[1], qui n'ont qu'une relative invisibilité, analogue à la relative intangibilité du lilliputien dans la main de Gulliver. Mais je dois évoquer « L'histoire de Plattner ». Gottfried Plattner est professeur de langues vivantes dans une école privée du sud de l'Angleterre. On manque de personnel, et Plattner doit également enseigner la chimie, pour laquelle il n'a aucune compétence. Comme Davidson, il rate son expérience, le mélange explose. L'une des hypothèses du narrateur est que la déflagration envoie Plattner dans une autre dimension, une quatrième dimension, qui s'ajoute aux trois dimensions de l'espace que nous connaissons. D'après le récit (parfois confus) qu'il fait de son séjour dans cette quatrième dimension, Plattner dit avoir pu observer notre monde du dehors, de cette quatrième dimension, sans que nous puissions nous-mêmes le voir, ce qui est compréhensible puisqu'il était à l'extérieur des trois dimensions de notre champ visuel. C'est un peu comme si nous découvrions

1. *Wells, op. cit.*, p. 487 *sq.*

des êtres de surface, vivant dans un plan, à deux dimensions donc, comme un tableau, et dont le champ visuel serait limité à cette surface. Ces êtres de surface, nous pourrions les voir, depuis notre position dans l'espace en avant du plan, sans qu'eux-mêmes puissent nous voir, leur champ visuel étant tout entier contenu dans le plan où ils vivent.

Plattner était donc invisible pour nous. Pourtant, il semble avoir pu voir notre visible. Il n'a pas pu le voir du même point de vue mais il dit avoir vu, de cette position dans une quatrième dimension et, par conséquent, de l'extérieur, le même visible, les mêmes surfaces, les mêmes couleurs. Cela suppose sans doute que son champ visuel ait gagné une quatrième dimension, ce qu'il ne mentionne pas. Mais, à la différence de l'homme invisible, Griffin, à la différence également de Davidson, Plattner est alors un voyant hors du visible, un voyant qui voit notre visible tout en restant extérieur à lui. Dans « L'histoire de Plattner », le visible est visible du dehors. Plattner contemple notre visible sans y entrer, comme nous observerions un tableau, où le peintre n'aurait pas cherché à figurer une profondeur mais se serait contenté de faire apparaître sur la surface de la toile un monde visible, avec des êtres voyant qui restent bidimensionnels.

Si l'on en croit « L'histoire de Plattner », le visible est donc visible par un être qui n'y est pas contenu. Evidemment, on peut contester que la position de Plattner nous observant depuis une quatrième dimension soit une situation que nous pouvons réellement imaginer. Il est clair que nous ne pouvons pas nous la « figurer », l'imaginer « visuellement ». Mais l'imagination, conçue comme une faculté d'inventer des situations possibles, ne se réduit pas forcément à une figuration visuelle. Le problème est plutôt de savoir dans quelle mesure et en quel sens nous pouvons concevoir que notre monde visible, tridimensionnel, soit plongé dans un espace à quatre dimensions de sorte qu'un voyant, dans cette quatrième dimension, puisse nous « observer » comme nous observerions des êtres bidimensionnels à la surface d'un tableau. Cet imaginaire n'est pas propre à Wells. On retrouve des images analogues, par exemple, dans les textes de Helmholtz sur les géométries non euclidiennes. La difficulté, pour établir que la position de Plattner n'est pas une situation imaginaire, une situation que nous pouvons imaginer, serait d'expliciter ce que nous imaginons en réalité, si ce n'est pas cette position de Plattner dans une quatrième dimension, lorsque nous lisons la nouvelle de Wells ou les textes de Helmholtz.

J'ai évoqué cette nouvelle, « L'histoire de Plattner » pour montrer que, finalement et bien que ce ne soit pas le cas dans *L'homme invisible*, Wells met en question l'insertion du voyant dans le visible. Il faut dire, toutefois, que Plattner, qui contemple notre visible de l'extérieur, n'est pas absolument invisible. Il est invisible pour nous, mais il est visible pour les êtres qui vivent dans le monde à quatre dimensions où il s'est projeté. Dans ce monde à quatre dimensions, Plattner est un voyant du dedans. Ce n'est que notre visible qu'il observe de l'extérieur. Il n'en reste pas moins que le visible est devenu visible de l'extérieur, pour un être situé dans une autre dimension, notre visible mais aussi le visible du monde de Plattner que l'on pourrait supposer observé lui-même par un être extérieur, dans une cinquième dimension. Et ainsi de suite.

Ces exemples de voyants-invisibles qu'imagine Wells permettent donc de discuter des thèses de Merleau-Ponty sur la réversibilité de la vision et du toucher. Le voyant, soutient Merleau-Ponty, est visible, comme l'être touchant peut être touché, de sorte que, comme le toucher, la vision ne peut se faire que du dedans des choses et dans un corps visible, ou tangible comme une chose. Sans doute, les voyants invisibles de Wells n'échappent jamais à la visibilité en soi. Ils ne sont jamais au dehors du visible en général. Néanmoins, ils réussissent à échapper à la vision en retour des êtres qu'ils voient. D'une part, Wells imagine un voyant qui se trouverait dans une autre dimension, où il reste invisible à nous qu'il peut voir. Il n'est pas invisible en soi, puisqu'il est visible dans son monde propre. Mais il est décalé par rapport à notre visible. Il n'est visible que d'ailleurs et notre visible est visible du dehors. D'autre part et surtout, le voyant peut se faire transparent et, sans quitter notre visible, se réduire à une zone vide de contenu. Or cette transparence de l'être sentant est impossible dans le toucher. Elle est une limite que le toucher ne peut pas atteindre. La possibilité d'une transparence de l'être voyant est indépendante du fait que la vision est un sens à distance. Elle semble donc marquer une différence première entre le toucher et la vision. Cela dit, il faut accepter que ces voyants-invisibles qu'imagine Wells sont des êtres possibles. Si c'est le cas, alors des thèses phénoménologiques comme celles de Merleau-Ponty, qui prétendent exprimer des propriétés de l'expérience en général, doivent aussi être évaluées sur ces êtres imaginaires.

bibliographie

ALTHUSSER L., *Pour Marx*, Paris, Maspero, 1965.

— *Solitude de Machiavel*, Paris, P.U.F, 1998

AZIMOV I.,*The Caves of Steel* (1954), New York, Bantam Edition, 1991.

BACHELARD G., *Le nouvel esprit scientifique*, Paris, Alcan, 1934.

— *La formation de l'esprit scientifique*, Paris, Vrin, 1938.

— *La psychanalyse du feu*, Paris, Gallimard, 1938.

— *L'eau et les rêves*, Paris, J. Corti, 1942.

— *L'air et les songes*, Paris, J. Corti, 1943.

— *La terre et les rêveries du repos*, Paris, J. Corti, 1948.

— *Le rationalisme appliqué*, Paris, P.U.F, 1949.

— *Le matérialisme rationnel*, Paris, PUF, 1953.

BALDYCK C., *In Frankenstein's Shadow*, Oxford, Clarendon Press, 1987.

BORGES J., « Éloge de l'ombre » (1969), trad. fr. J.-P. Bernès et N. Ibarra, dans *Œuvres complètes II*, « Bibliothèque de la Pléiade », Paris, Gallimard, 1999.

— *Fictions* (1944), trad. fr. R. Caillois, N. Ibarra, P. Verdevoye, J.-P. Bernès, dans *Œuvres complètes I*, « Bibliothèque de la Pléiade », Paris, Gallimard, 1993.

BRUNSCHVICG L., *Les étapes de la philosophie mathématique* (1912), Paris, Blanchard, 1993.

BUTLER S., *Erewhon* (1872), Hertfordshire, Wordsworth Editions, 1996.

Cassou-Noguès P., « Leibniz et Turing : deux figures de l'automate spirituel », *in* Fedi, *Les cigognes de la philosophie*, Paris, L'Harmattan, 2002.

Charcot J. M., *Leçons du mardi à la Salpetrière* (1887-1889), Paris, Bibliothèque des introuvables, 2002.

Dedekind R., *Was sind und was sollen die Zahlen ?*, Braunschweig, Vieweg, 1888.

Deleuze G. et Guattari F., *L'anti-Œdipe*, Paris, Minuit, 1972.

— *Mille plateaux*, Paris, Minuit, 1980

Descartes, *Œuvres et lettres*, « Bibliothèque de la Pléiade », Paris, Gallimard, 1953 ; *Œuvres complètes*, Ch. Adam et P. Tannery (éd.), nouvelle édition au format poche, Paris, Vrin, 1996.

Dick Ph. K., *Do Androids Dream of Electric Sheep ?* (1968), New York, Ed. Millennium, 1999.

— *The Shifting Realities of Ph. K. Dick*, New York, Vintage Books, 1995

Doyle A. C., *The complete Sherlock Holmes*, Londres, Penguin, 1981.

Finsler P., « Formale Beweise und die Entsscheidbarkeit », *Mathematische Zeitschrift* 25, 676-682.

Fromentin E., *Un été au Sahara*, dans *Œuvres complètes*, « Bibliothèque de la Pléiade », Paris, Gallimard, 1984.

Futrelle J., *Jacques Futrelle's "The Thinking Machine": The Enigmatic Problems of Prof. Augustus S. F. X. Van Dusen* (1905-1912), Londres, Modern library classics, 1996.

Gibson W., *Neuromancer*, Londres, V. Gollancz, 1984.

Gödel K., « Uber unentscheidbare Sätze », dans *Collected Works*, III, éd. S. Feferman, J. Dawson *et alii*, New York, Oxford University Press, 1995, p. 31-35.

Helmholtz H v., *Populäre Wissenschaftliche Vorträge*, Braunschweig, F. Vieweg, 1865-1871.

Hobbes T., *Léviathan* (1651), trad. fr. F. Tricaud, Sirey, Paris, 1971.

HUSSERL E., *Idées directrices pour une phénoménologie pure* (1913), trad. fr. P. Ricœur, Gallimard, 1950.

— *Idées directrices pour une phénoménologie pure, Livre second*, trad. fr. E. Escoubas, Paris, P.U.F., 1996.

LACAN J., « Le stade du miroir comme formateur dans la fonction du Je », dans *Ecrits*, Paris, Seuil, 1966.

— *Les quatre concepts fondamentaux de la psychanalyse*, Paris, Seuil, 1973.

LEIBNIZ G. W., *Monadologie* (1714), Paris, Delagrave, 1983.

MARX K., *Le capital I* (1867), éd. J.-P. Lefebvre, Paris, P.U.F., 1993.

MAUMÉJEAN X., « Je pense donc je flippe », *Science Fiction Magazine*, hors série n° 8, septembre 2002.

MERLEAU-PONTY M., *Le visible et l'invisible*, Paris, Gallimard, 1964.

NANCY J.-L., *Le regard du portrait*, Paris, Galilée, 2000.

POLIDORI J., « The Vampyre », repris dans *The penguin book of vampire stories*, Londres, Penguin, 1987.

POST E., « Finite Combinatory Processes. Formulation I » (1936), repris dans M. Davis (éd.), *The undecidable*, New York, Raven Press, 1965.

ROSENFIELD H., *From Beast-Machine to Man-Machine*, New York, Oxford University Press, 1941

RUSSELL B., *Introduction to Mathematical Philosophy*, Londres, Allen and Unwin, 1919.

SERIS M., *Langages et machines à l'âge classique*, Paris, Hachette, 1995.

SHELLEY M., *Frankenstein* (1818), Oxford, Oxford University Press, 1969.

SKOLEM T., « Einige Bermerkungen zur axiomatischen Begründung der Megenlehre » (1923), trad. angl. dans J. van Heijenoort (éd.), *From Frege to Gödel*, Cambridge (Mass), Havard Univ. Press, 1967.

Stoker B., *Dracula* (1897), Londres, Penguin, 1993.

Strauss E., *Du sens des sens* (1935), trad. fr. G. Thines et J.-P. Legrand, Grenoble, Millon, 1989.

Swift J., *Gulliver's Travels*, Londres, Penguin, 1994,

Turing A., « Systems of Logic based on Ordinals » (1938), repris dans M. Davis (éd.), *The undecidable*, New York, Raven Press, 1965.

— « On computable numbers with an application to the Entscheidungsproblem » (1937), repris dans M. Davis (éd.), *The undecidable*, New York, Raven Press, 1965.

— « Computing Machinery and Intelligence », Mind, LIX, oct. 1950, p. 433-460.

Wells H. G., *The Invisible Man* (1897), Londres, Pan Books, 1989.

— *The Complete Short Stories of H.G. Wells*, Londres, Phoenix Press, 1998.

table des matières

ACHEVÉ D'IMPRIMER
EN MAI 2007
PAR L'IMPRIMERIE
DE LA MANUTENTION
A MAYENNE
FRANCE
N° 154-07

Dépôt légal : 2e trimestre 2007